中学校数学科の授業における相互作用プロセス

——援助要請を視点として——

山 路　　茜 著

風 間 書 房

目　　次

第Ⅰ部

本研究の問題と目的

は じ め に

　教室とは，生徒[1]が他者と関わりながら学び合う空間である。数学の授業は，その空間において数学の知識や思考様式を，ことばや式，図を媒介にして学ぶ時間である。どのように数学を学ぶかという数学の学習の意味は，その空間でその場にいる教師と生徒によって生成される。そして，生徒がその時間をどのように経験するかもまた，その教室に関わる人やものという状況によって異なると考えられる。そのとき，その場所という教室の瞬間に生徒と教師は立ち合い，他者と対話することによって関わりをもったり，ときには1人になって考えるべき課題と向き合ったりしながら学んでいる。

　教室をそのように捉えたとき，生徒一人ひとりは授業をどのように経験しているのだろうか。学習内容の理解には困難が伴うこともある。1人では解決できない疑問を持つことも多いだろう。日本において近年重視される対話的な授業では，対話を目指すために生徒に発表することを求めがちである。しかし，発表することを求め過ぎると，わからなさを抱えた生徒は学習に参加できなくなる。生徒は教室の中でわからないことに直面したとき，どのように対処すればよいのか。そして，わからなさをもとに対話的な授業をデザインするには，どのような相互作用プロセスの対話を目指せばよいのか。

　わからなさを抱えた生徒はたとえば，教室にいる他の生徒たち皆が注目する中で質問するなどして援助を求めるかもしれない。他には，隣の席の生徒に呟くように質問したり，グループ学習の時間が設けられている場合には同じグループの生徒と相談して助け合おうとしたりするかもしれない。あるい

---

1)　本研究では中学生を研究の対象とする。そのため，先行研究の対象が小学生の場合は「児童」
　　と表記するが，それ以外の場合は「生徒」と表記する。

は黙ったまま授業の進行に身を任せ，教師の解説や教師と他の生徒たちの話をよく聴くことで疑問を解消しようとするかもしれない。授業中にわからないことがあった場合に学習内容を理解しようとして生徒が選択する行為は，生徒個々の人格・能力・行動特性によっても異なるだろう。それだけにとどまらず，その教室における教師の授業観とそれに伴う課題の設定や学習活動・教室談話の組織などの授業構成，あるいは学習内容の特性など，教室の社会的文脈によっても異なるだろう。

　本研究では対話的な授業でも特に，能力差にかかわらずあらゆる生徒がお互いに学び合う協働的な授業に焦点をあてる。そして，授業中のわからなさへの対処行為の中でも，理解しようと自分のわからなさを他者に対して積極的に開示する行為を，援助要請（help-seeking）の視点で捉えることとする。

　援助要請は，Nelson-Le Gall によって教室での学習に効果的に参加するのに役立つスキルとして定義づけられた概念であり（Nelson-Le Gall, 1981; 1992），国内外で研究されている。もともとは教室場面に限らず広義に，何らかの問題に対して自力解決が見込めないときに他者に助けを求める行為である。教室に限らず日常的な例でいえば，路上で落として散乱させてしまった書類を拾い集めてもらったり道順を教えてもらったりする依頼（島田・高木，1994）や，職場の中での職務やキャリアなどの悩み相談（橋本，2015）といった行動が挙げられる。カウンセラーなどの専門家への心理的・精神的な悩み相談（たとえば水野・石隈，1999；森岡，2007；伊藤・松田・加藤，2015），家族・友人・先生を相談対象に含めて学校生活への適応を背景とした悩み相談（たとえば永井・新井，2007：本田，2013）といった行動もある。援助要請は，社会心理学・臨床心理学・教育心理学の領域で，日常場面での特定の行動や生活する上での悩みの相談といった行動が取り上げられて研究が蓄積されている。

　一方，本研究で着目する教室における援助要請の場合には，「学習において，困難に直面し，自分自身で解決が難しいと感じたとき，必要な援助を他者に求める行動（p.293）」（中谷，1998）と定義され，学業的援助要請（academic help-seeking）と呼ばれて区別されている[2]。瀬尾（2013）は，中谷素之・伊藤崇達編著『ピア・ラーニング　学び合いの心理学』という著書内の「必要な援助を求める　学業的援助要請」という章において，援助要請の研究知見を整理し，同じような立場の仲間と学ぶピア・ラーニングの質を向上させるための着眼点となる概念として援助要請を価値づけている。そして，相手に丸投げをしてしまうといった依存的な援助要請に偏って形骸的な学習に陥らないために，何のために学習を行うのかという習得目標に着目させる指導を行う必要性や，つまずきを明確化する学習方略の指導を行う必要性を提示している。瀬尾（2013）の主張からわかる通り，学業的な援助要請は他者から援助をもらうといっても受動的・消極的な行為であるばかりではなく，自らのつまずきを明確化させて克服するための能動的・積極的な行為として注目される。さらに，教室で仲間とともに学ぶという学習環境において効果を発揮する可能性をもっている。

　そこで，本研究では，援助要請の概念をもとにして，数学の授業における対話的な相互作用を検討する。そして，教室にいるあらゆる生徒が協働的に学び合える環境づくりの仮説モデルを得るために，援助要請が教室の中でいつどのように生起するか，教室の社会文化的な状況におけるメカニズムや支援方法について探究する。

　授業が進行する中で，自分のわからなさを他者に伝え，他者と共有し，理解を進めることは容易なことではない。誰に援助を求めたらよいか，自分のつまずきがどこにあるのか，わからなさの原因は何であるか，どのような尋ね方をしたらよいかなどを考えることが必要となる。また，援助を求められた生徒は，相手のわからなさを読みとり，援助を提供できるような理解をしているかどうか，自分の理解をふまえて何をどう援助できるか，提供した援助の仕方で相手を助けられているかどうかなどを見極めなければならない。

2）　本研究では，以降，「学業的援助要請」を「援助要請」と表記する。

授業における生徒のわからなさを発端とした援助要請と援助提供という現象
は，微視的に捉えるとダイナミックな相互作用である。

　また，このような援助関係は，教室の中に始めから構築されているわけで
はない。その教室で教師や生徒と学ぶなかで必要に応じて生成されるもので
ある。場合によっては，援助要請が必要ないほど課題の発問の工夫によって
生徒の自力解決を実現させる教室もあるだろう。一方で，本研究でとり上げ
るのは，他者と関わることによって学習を進めることが授業の中心とされる
教室である。この場合，どのようなときにどのような援助要請をすることが
学習にとって必要であるのかといった考え方が学級での学習規範として存在
し，その学習規範を新年度が始まって以降，教師は生徒が学習規範を身につ
けられるように指導を工夫し，生徒は探りながら徐々にその学習規範を身に
つけることとなる。教室で観察される援助要請は，このような可変的な状況
のなかで生起すると考えられる。

　このように，教室の中で援助要請が依存的ではなく能動的な行為として生
起し，学習に効果的に働くような学級づくりの仮説モデルを探究するために
は，相互作用のプロセスと学級の固有性は切り離せないものである。では，
特定の学級の中で，援助要請の生起した相互作用プロセスはどのような特徴
を持ち，状況の違いによってその相互作用プロセスはどのように異なるのだ
ろうか。また，教師はそのような協働的な数学学習の関係性を教室の中で生
徒とともにどのように創造することができるだろうか。これらの問いに対す
る答えは，後に第1章で論じるように先行研究においてまだ十分に得られて
いない。本研究は，これらの問いに基づき，生徒の援助要請の行為からみた
中学校数学科の授業における相互作用プロセスの特徴を，状況に位置づけて
明らかにし，あらゆる生徒が協働的な関係性で学習する学級の相互作用プロ
セスの実相を明らかにすることを目的とする。

第1章　数学の授業の相互作用プロセスに対する援助要請という視点

　本章では，数学の授業において，援助要請の生起した相互作用プロセスはどのような特徴を持っているのか，生起する状況の違いによってその相互作用プロセスはどのように異なるのか，さらには，学習に有効な援助要請が機能する学習規範は教室の中でどのように創造することができるのかという問いに基づき，先行研究を概観して本研究の背景を論じる。まず，国内外の援助要請に関する研究から，相互作用の中で援助要請を捉える意義を述べ，これらの問いを検討するにあたっての課題として，数学という教科固有性に関する課題，相互作用の枠組みに関する課題，教師の役割に関する課題の3点を指摘する。そして，生徒の援助要請を視点とした相互作用プロセスを状況に位置づけて微視的に明らかにし，中学校数学科の授業において対等な関係で援助要請が機能する互恵的な学習を保障する学級の相互作用プロセスのメカニズムを検証するための本研究の理論的枠組み，および課題を明確にする。

第1節　援助要請への着目

1　援助要請の有効性と研究アプローチ

(1)　援助要請の有効性

　援助要請とは，生徒が自分自身の力ではニーズを満たせなかったり目標を達成できなかったりするときに，他者からの援助や介入を求めることである（Nelson Le-Gall, 1981）。もともと依存の指標としてネガティブに捉えられていた援助要請を，Nelson-Le Gall が効果的に教室での学習に参加するのに役立

つスキルとして定義づけた（Nelson-Le Gall, 1981; 1992）。学習内容に対してわからないことを抱えたとき，そのままつまずきとして放置するのではなく，わからなさを解消するために他者をリソースとした問題解決のスキルと捉えれば，援助要請は有効な学習方略の１つである。

　援助要請が学習に対し有効であることは既に実証されている。アメリカで217名の中学校１年生を対象に，１年間にわたって縦断的調査が行われた。その調査では，教師たちは生徒をそれぞれ，然るべきときに適応的な（adaptive）援助要請を行う生徒，困ると直ちに過度に依存的な（dependent）援助要請を行う生徒，必要なときに援助要請を回避する生徒に評定するよう求められた。その結果，１学期に教師に対して適応的な援助要請を行った生徒ほど３学期の成績が高くなること，同時に，援助要請を回避した生徒ほど成績は低くなったことが示されている（Ryan, & Shin, 2011）。この結果は，成績の良い生徒が適応的な援助要請をしているということではなく，生徒の成績の向上に対して適応的な援助要請が影響を及ぼすということを示しており，生徒が教室で学習する上で援助要請が重要な役割を果たしていることがわかる。つまずきが生じている場合には，援助要請を回避させずに積極的に生起させることが望ましいとされている。

　ただし，援助要請を行うことが常に学習に有効であるわけではない。瀬尾（2007）は，先行研究における様々な援助要請概念を整理し，自律的（autonomous）援助要請と依存的（dependent）援助要請と呼んでいる。自律的援助要請とは，援助要請者が問題解決を行う主体であり，援助を要請する必要性の吟味を十分に行っており，要請する内容はヒントや解き方の説明であるとされる。一方，依存的援助要請とは，問題解決の主体が援助者であり，必要性の吟味が不十分，要請内容は答えであるとされる。自分で努力をせずに，すぐに他者からの援助を得てその場をやり過ごすというような受動的な態度に陥る危険性もあり，このような依存的援助要請を減少させることが必要であると提示されている。

　生徒が援助要請を行っていたとしても，依存的な援助要請では成績低下を招き，学習にとっては望ましくない行為といえる。さらに，教室の社会的関係で考えると，依存的な援助要請が頻出すれば，教室の中で"援助要請する生徒"が固定化され，それはその生徒の学習の形骸化ともなり得る他に，"援助要請される生徒"に援助を要請する隙を与えずに学習機会を奪うことにつながる危険性がある。したがって，教室のあらゆる生徒にいかに自律的な援助要請を育ませるかが争点となる。援助要請が回避されることや，依存的な援助要請を行うことによる負の面は，援助要請の研究においては重要なテーマであり，援助要請の生起メカニズムやその行為の質に関してこれまで研究が進められてきた。

　これまでの援助要請に関する研究は，その研究方法の観点から大きく2つの潮流に分けることができる。1つ目は，質問紙調査や教授実験によって，援助要請の生起条件や指導方法を明らかにする試み（たとえば Newman, 1998；瀬尾，2005）である。援助要請を抑制する要因の特定によって，援助要請を実行するまでの認知的な側面での個人内の援助要請メカニズムを詳らかにするアプローチである。2つ目は，グループ学習における生徒の援助要請の行為を観察・記録し，談話を分析することによって，実行された援助要請の特徴を明らかにする試みである（たとえば Webb, & Troper, & Fall, 1995; Webb, & Mastergeorge, 2003）。Webb らは，グループ学習プロセスに対して他者との協働における積極的な情報処理を促進することの側面に焦点をあて（Webb, 2013），教室での実際の生徒の援助要請の行為に着目し，学習成果に結びつく行い方を示している。以下では，それぞれのアプローチによる研究知見を整理し，本研究で相互作用プロセスにおける援助要請を捉えることの意義について論じる。

(2)　援助要請の生起メカニズム

　まず，援助要請の生起条件の解明を試みるアプローチでは，ほぼ共通の認

知プロセスモデルで援助要請が捉えられている。それは，生徒が理解できていないことに気づいた後，援助の必要性を認識し，誰に要請するか等の決定を下し，実行するという認知プロセスである（たとえば Nelson-Le Gall, 1981；野﨑，2003）。援助要請を実行するまでに，自分の理解の不十分さに気づく段階，そしてどのような相手に何をどのように尋ねたらよいかという援助要請の対象・内容・方法を意思決定する段階を経ることがわかっている。このモデルは生徒個人が援助要請を実行する際に影響する要因を解明するための土台となっており，このプロセスにおいて理解できていないことに気づいて援助要請を行うかどうかという意思決定の違いに対して，動機づけやメタ認知的方略といった個人内要因，あるいは個人が所属する集団に対する認知といった環境要因が検討されている。

　個人内の要因として動機づけに着目した研究では，援助要請の回避に関連するものとして，自己効力感（たとえば Karabenick, & Knapp, 1991）や，達成目標（たとえば Ryan, & Pintrich, 1997）が挙げられている。言い換えると，課題に対してやり遂げられそうだと感じられない場合や，達成目標として習得目標ではなく遂行目標をもっていると，自分が援助要請するということは自分の能力不足を露呈することであると意識が働いた場合に，援助要請を行わないことがわかっている。

　これらの動機づけは，誰に何を援助要請するかという意思決定とも関わっている。中学生を対象に行った質問紙調査による研究では，遂行目標の高い生徒が自分の無力さを露呈することを恐れるために，教師に対する援助要請を回避し，より親しみのある友人に対して援助要請を行いやすい傾向にあることが示されている（野﨑，2003）。要請対象として，自分より確実に有能であるものの権威的な存在である教師を選ぶか，それとも同じ学習者であり親しくて良心的な支援をしてくれそうな友人を選ぶかといった意思決定のプロセスを経て，生徒は援助要請を行っている。

　また，この意思決定では同時に何を要請するかという援助要請の内容とし

て，ヒント・解法の説明を求めるか，あるいは直接的に答えの返事を求める
かという選択も行っている。このとき，上記のような動機づけだけでなく，
学習観による違いが指摘されている。中学生と高校生を対象に行った質問紙
調査によれば，「方略・失敗活用志向」の学習観をもつ生徒は中学生か高校
生かにかかわらず間接的なヒント・解法の説明を求める傾向があり，「丸暗
記・結果重視志向」の学習観をもつ生徒の中でも特に中学生は，直接的な答
えを求める傾向にあることがわかっている（瀬尾，2007）。

　さらに，自分が理解できていないことに気づいていざ誰かに援助を要請し
ようと思っても，何を尋ねればよいかわからずに困って援助要請を回避する
というメタ認知の要因も検討されている。瀬尾（2005）は，つまずきに気づ
いたときにそれを仮の質問として生成することが学習に有効な援助要請の促
進につながるとして，高校2年生を対象に数学の問題解決におけるつまずき
明確化方略を教授する介入授業を行っている。つまずき明確化方略の教授と
は，「1. 分からない用語／記号にしるしをつけて確認する，2. 図，表，グ
ラフを使えるか確認する，3. 問題を数式で表せないか確認する，4. 使える
公式があるか確認する」と書かれた「つまずき発見チェックリスト」をもと
に具体的な使い方の教示によって行われている。そして，事前事後で実施し
た，三角関数，二次方程式の判別式，高次方程式の問題に関する質問生成の
結果，数学の学力の高い学級で質問生成の数が増え，数学の学力の低い学級
でも高い学級でも同様に一般的な質問の減少と内容に関連した質問の増加と
いう質問の質の向上がみられたことを報告している。

　これらは動機づけ，メタ認知方略に着目した生徒個人内での援助要請の生
起要因に関わる研究である。言い換えると，生徒個人の人格や能力，行動特
性として，援助要請を抑制する要因や好まれる対象・内容などの生起メカニ
ズムが明らかにされている。しかし，これらの動機づけやメタ認知方略は，
瀬尾（2007）が教授介入を行っていることに代表されるように，必ずしも先
天的に生徒に備わるものとして捉えられているわけではない。生徒が援助要

請を行うのは，教師や他の生徒がいる学級という集団の中であることもまた
考えられている。

　学級という環境要因に着目した研究では，たとえば，教師に対して援助要
請することを教師が好んでいるという生徒の認知が，対教師の適応的援助要
請を促進し，友人に対して援助要請することを教師が好んではいないが承認
しているという生徒の認知が，対友人への依存的な援助要請を誘発している
ことが指摘されている（野﨑・石井，2005）。あるいは，適任だと決まってい
る人や自分の好みの人に援助を求めやすい習慣があることや，協力的な教室
規範であれば生徒にとって援助要請を行うことに対する脅威が減ることが論
じられている（Nelson Le-Gall, 1992）。これらの指摘からは，生徒が学級の中
で教師や生徒の中で援助要請をしてよいとされている対象を注意深く探りな
がら，援助要請を調整していることがうかがえる。

　また，学級間の違いに着目し，教師の指導のあり方によって生徒の援助要
請の行為が変わることも検討されている。教師の指導スタイルが，相互対話
型であると生徒が認知している場合と，教師主導型であると認知している場
合の援助要請の種類を比較すると，教師主導型指導だという生徒の認知と依
存的援助要請との間に有意な関連があることがわかっている（瀬尾，2008）。
他に，遂行目標をもつ生徒でも習得目標を強調して教わることで質問行動に
変化があることもまた示されている（Newman, 1998）。これらの結果から，
教師がどのような目標構造を教室に生成させるかによって，生徒の授業に対
する認知は影響を受け，選択される援助要請の行為もまた左右されることが
わかる。

　このように，援助要請を抑制する要因を特定し，つまずきを明確化させる
ことや相互対話型の指導を行うこと，習得目標を持たせることなどの適切な
教授介入を行うことを目的として，援助要請を生起させるメカニズムが解明
されつつある。ただし，限界として次の2点を指摘することができる。第1
に，質問紙調査を主な研究アプローチとしているということは必然的に，援

助要請は生徒による自己報告によって捉えられている。教室という学習場面で実際に生徒がどのように尋ねているかという行為は検討の対象とはされていない。第2に，先にも述べた通り，これらの研究は，自分が理解できていないことに気づいた後，援助の必要性を認識し，誰に何をどのように要請するかという決定を下して，援助要請を実行するという認知プロセスモデル（たとえば Nelson-Le Gall, 1981）に基づく。言い換えると，援助要請を実行するまでの個人の認知が検討の対象とされており，ある生徒が実際に援助要請を実行したことに付随してどのような相互作用が生じるかまでは検討されていない。学習に効果的な援助要請を追究するためには，生徒の援助要請の行為とそれによって生み出される相互作用の特徴を検討することもあわせて必要である。

(3) 教室における援助要請

生徒が教室という空間で実際に行った援助要請の行為の特徴と，それによって引き起こされる相互作用は，グループ学習場面で検討されている。教室における4人によるグループ学習の有効性を指摘し（Webb, 1982），援助要請を他者との協働における積極的な情報処理を促進する概念として捉えるWebb らは，継続的な授業観察と談話分析によってグループ学習プロセスを詳細に検討している。

Webb らは，Nelson-Le Gall（1981; 1992）の援助要請の概念に依拠し，ロサンゼルス郊外の中学1年生の性別や学力の異質な4人グループによる学習効果を検証している。協力的な（cooperative）グループ学習の効果を測るために，教師には事前に研修を行い，授業ではグループに1枚のプリントを与え，評価方法は個人成績の他にグループとしての成果も対象とすることが定められている。4学級を対象に小数の計算の課題で3週間，6学級を対象に分数の計算の課題で4週間，グループ学習を実施した。

グループ学習の効果はそれまで，他者に説明することによって自分の解法

が再確認されたり矛盾点に気付いたり新たな意味づけを発見したりするという説明する行為に向けられていたことに対し，説明を受ける側の生徒の成績が必ずしも向上しないことにWebbらは注目した。そこで，説明を受ける側の生徒の行動として援助要請の行為に関心を寄せた。

グループ学習中の生徒の発話の中で援助要請とみなされるのは，「（自ら発言した場合も他者から手元を見て指摘された場合も含み）誤りがあるとき，援助を求めたとき，あるいは混乱したり何をすべきかわからなかったりすることを明確に宣言するとき（Webb, Troper, & Fall, 1995, p.410）」とされる。つまり，先述したような質問紙調査で検討されている援助要請とは，部分的に異なる点がある。先の援助要請は自己報告であることからしても援助を求めるという生徒の意思が明確な行為であり，実際の教室場面で検討するうえではさらに広く，自らの誤りや混乱を開示する行為も含んでいる。援助をする生徒の立場から考えて，援助を提供しようと思える行為を相手がとっていた場合に，その行為を援助要請と捉えることは自然であるといえる。

そして，受けた援助および援助を受けた後の適用行為と，事後テストでの自力解決との偏相関を分析した結果から，答えを教えてもらうだけの援助要請の仕方では後に自力で問題を解決することができず，説明を受けた後に続いて自分で説明してみることや解いてみることが後の課題での自力解決にとって重要であることを明らかにしている（Webb et al., 1995）。説明をする生徒に加えて，説明を受ける生徒にとってのグループの経験を明らかにする重要性が指摘されている（Webb, & Palincsar, 1996）。援助を要請して答えを教えてもらうだけや，説明を受けるにとどめるだけでは，自力解決に結びつかないために十分な学習とはいえず，援助を受ける生徒の能動的な行動が問われていることがわかる。

さらにWebbらは，援助要請をする生徒の中で，精緻化された説明を受けて理解できる生徒とできない生徒がいることを問い，学習を効果的にするために援助要請する生徒と援助をする生徒の双方に責任として求められる行

為を明確にするべく研究を検討を重ねた（Webb, Fraivar, & Mastergeorge, 2002）。4学級を対象に3週間行った小数の計算課題のうち，小数のかけ算の理解をねらった電話料金を題材とした問題解決の談話と試験成績の分析を行った。複数のグループにおける生徒の援助要請の行為をカテゴリーに分け，援助の水準や事後成績との関連から成績が向上した生徒を抽出し，それらの生徒のグループでの談話を援助要請の行為の変化に着目して質的に分析した。その結果，事後成績が向上した生徒の援助要請の仕方にみられた特徴として，「混乱を認めて告白したうえで具体的な説明を求めること」，「納得するまでパターンを修正しつつ諦めずに援助要請を続けること」，そして「受けた説明を適用すること」を描出している（Webb, & Mastergeorge, 2003）。

　Webb らの指摘に従えば，グループ学習ではただ対話がなされて問題が解決すればよいのではない。後の第3項で述べるが，問題を説明することで互いに不足している部分を補い合って理解を深めることがグループによる問題解決の利点だとされてきた。しかし，Webb らはこれに加え，具体的な説明を粘り強く求めることで自分の理解の問題点を認めたり，受けた説明に対して自分の課題に適用させたりするという生徒の行為が，相互作用において重要であることを示したといえる。つまり，他者と共に取り組む問題解決は，自力で問題を解決できる生徒に主導されて他の生徒からのモニタリングが行われるという相互作用になるとは限らない。援助要請を行う側の生徒にとっても，自分の理解の問題点を具体的かつ積極的に他者と共有することで，能動的にグループでの学習に参加することができる。

　Webb らはその後，生徒のグループ学習における協働的な談話を促す教師の役割の重要性を指摘して研究を発展させている（Webb, 2009）。その背景として，Webb, Nemer, & Ing（2006）はまず，先の研究群と同じ，協力学習プログラムを始めたばかりの数学教師2名とそれぞれが受け持つ中学校1年生の2学級を対象として調査を行った。2名の教師も生徒たちもプログラムが始まる以前に協力学習やグループ学習の経験はなかった。以上の教室にお

いて，グループ学習中の生徒の援助要請と援助の頻出度，学級全体での議論中における教師の生徒への質問と生徒の返事に対する応答の種類の頻出度，さらにグループ学習中にみられる援助要請者と援助者の発話連鎖と，学級全体での議論中にみられる教師と生徒の発話連鎖の比較を談話から分析している。その結果，協力学習プログラムに基づく授業を行い始めたばかりの協力教師の談話の特徴として，生徒に対して単独の値による答えを頻繁に求め，計算の手続きや解法の1ステップの言葉での説明を時々求めるだけで，なぜその手続きをとったかの説明をまったく求めないということが指摘された。同時に，その学級の生徒はグループの他者に答えを直接教えるなどの低い水準の援助を行うことが明らかになった。そして，グループでの援助者の応答と学級全体での教師の応答とに着目した発話連鎖の質的な分析から，グループでの援助者の態度が，学級全体での教師の生徒への応答の態度に類似していることが指摘され，生徒は教室において教師の質問や応答という談話を模倣していることが示唆されている。

　この結果からは，生徒がグループで問題解決に取り組む際の援助要請や援助の行為が，日頃からの教師の学級全体での談話に左右されることがうかがえる。先の(2)において言及した，生徒の援助要請の行為は教師がどのような目標構造を教室に生成させるかによって影響を受けることとも整合的である。生徒がどのように援助要請を行い，また援助を行うかという相互作用は，生徒個人の人格や能力，行動特性として先天的に定まっているものではなく，教師が教室にどのような参加構造を生み出すかによって，変化するものであると指摘できる。

　Webb らは今度，教師の振る舞いに焦点を移し，カリフォルニアの小学校で2年生と3年生の学級を対象に，生徒が自らの考えを説明し，また他者の考えと交流して問題解決に取り組めることに対する教師の行為を調査している (Ing, Webb, Franke, Turrou, Wong, Shin, & Fernandez, 2015)。いずれも教師が生徒に考えを述べさせる学級であった。

　まず，生徒の説明をその適切さの点から，(1)正しく適切であるか，(2)曖昧で不十分か，(3)答えのみであるか，(4)答えられないか，という 4 つに分類した分析が行われている。その結果，仲間に説明するよう声をかけるなど，教師が生徒の主張についてさらに議論をするよう求める質問を重ねて行うか否かによって，生徒がペアでの対話において自発的に正しく十分な説明をできるか，教師に促されないと十分な説明をできなかったり，促されても説明をできなかったりするかというように，生徒の説明の仕方に違いが生じることを示している（Webb, Franke, Ing, Chan, De, Freund, & Battey, 2008; Webb, Franke, De, Chan, Freund, Shein, & Melkonian, 2009）。

　また，生徒の説明の中に他者の考えがどの程度関連づけられているかという点から，生徒の行った説明を，(1)完全に詳しい関連づけ，(2)いくらかは詳しい関連づけ，(3)誤った関連づけ，(4)関連づけなし，という 4 つに分類した分析も行われている。それによって，生徒が他者の考えを関連づけられることは事後の成績の向上に関係すること，そして何をどう考えたか生徒に尋ねる質問に後続する質問として，他の生徒の考えとの相違を尋ねているかという教師の行為が，生徒の他者の考えと関連づけた説明を促していることを示している（Webb, Franke, Ing, Wong, Fernandez, Shin, & Turrou, 2014）。

　カリフォルニアの小学校で行われた Webb らの研究は，生徒が他者の考えを手がかりとしながら学習を進める協働的（collaborative）な学習の環境をを教師がいかに整えられるかという問いに対して示唆に富む。ただし，生徒の援助要請という行為からは焦点が移っている。(2)で先述した瀬尾（2008）の結果からも，教師主導型の指導と依存的援助要請との間には有意な関連が示されたのに対し，相互対話型の指導と自律的援助要請との間には有意な関連が示されず，自律的な援助要請を育む教室での対話のあり方はまだ十分に明らかにされているとはいえない。相互対話型の授業において，援助要請の行為がどのように談話の中に表れているかという視点から，その相互作用に変化をもたらす要素を抽出し，援助要請が有効に働く教室のメカニズムのモ

デルを帰納的に構築することが必要とされる。そこで次節では，対話を中心
とした授業において援助要請行為とその相互作用プロセスの特徴を明らかに
するうえでの援助要請研究における課題を整理する。

2　援助要請研究における課題

　前項(2)で既にみてきた通り，援助要請は自分のわからなさを表出するとい
う，場合によっては自分の能力不足を露呈すると感じ，あるいは他者から軽
蔑されるのではないかという不安を抱く可能性がある繊細な行為である。ま
た，つまずき明確化方略の有効性の指摘に代表されるように（瀬尾，2005），
援助の必要性に気付いても自分のつまずきをうまく表現できずに援助要請を
回避する可能性もある。そのために，動機づけやスキルの観点から援助要請
の生起条件を明らかにし，促進する手立てを追究するアプローチが求められ，
進められてきた。そして，多くは質問紙調査という手法をとっている。この
手法は，先に指摘した通り，援助要請を実行するまでの認知プロセスを明ら
かにするのに適している一方，自己報告であることにより，教室での実際の
生徒の行為とそれに追随する相互作用は明らかにはされない。

　また，前項(3)では，実際のグループ学習場面を継続的に観察して談話を分
析した Webb らの研究から，事後テストで自力解決できた生徒が行ってい
たグループでの援助要請の特徴には，尋ね方を柔軟に修正しながら諦めず具
体的に行うこと，説明を受けて終わらずに自分で適用してみることがある点
（Webb, & Mastergeorge, 2003）を確認した。そして，生徒に対し直接的な答え
を要求する質問の談話の特徴を持つ教師の学級の生徒は，グループで援助を
行うときに答えを直接教えるというように教師の応答を模倣していること
（Webb, Nemer, & Ing, 2006）から，生徒の援助要請が個人の先天的なスキルで
はなく，教室の中で互いに影響を及ぼし合いながら徐々に形成されるもので
あることがうかがえた。

　しかし，援助要請が特定の学級のなかでいかに状況的に生起し，その相互

作用プロセスの特徴や，状況の違いに応じた変化，あるいは教師がどのように支援することができるかという問いが，依然として残される。これらの問いに対して十分に検討を行うためには，次の3点の課題が指摘できる。

　第1に，数学の教科固有性が十分に検討されていないことである。援助要請の研究は瀬尾や Webb らに代表されるように数学の学習に関して行われているが，援助要請の行為やその行為を契機とした相互作用によってどのような数学の理解が促されるかといった理解の側面を検討の範囲には入れていない。援助要請は，ヒント・解法の説明を求める自律的援助要請か，直接的な答えを求める依存的援助要請かという質の違いが重視されている（瀬尾，2007）。しかし，望ましい援助要請の仕方が検討される一方で，具体的な数学の問題に取り組む課題進行の中でその内容が十分に精査されているとはいえない。自分のわからないという問題状況を打破すべく，他者からの精緻な援助を受ける契機となる行為が援助要請であるとするならば，話題となる教科や課題の特質は当然反映されるものと考えられる。

　援助要請の行為の仕方を検討した Webb らの一連の研究では，中学校1年生を対象とした課題（「市外局番755に電話を4分かけると通話料金はいくらかかるか」）の中でも特に，超過時間に対する加算料金を求めるステップの小数のかけ算の対話が分析の対象とされていた。超過時間を算出し，通話料金リストから1分あたりの超過料金と超過時間をかけるという手続きの理解と，その正確な実施が求められる課題である。また，生徒の説明の精緻化に対する教師の役割を検討した一連の研究では，小学校2，3年生を対象とした，「$50 + 50 = 25 + \square + 50$，$11 + 2 = 5 + 8$（正しい？正しくない？）」という数の計算に関する対話が分析されていた。

　この両者の課題で生徒に求められる数学の知識は，次節で後述するように異なっている。生徒に求められる数学の理解の側面によって，生徒が構築すべき説明の内容やつまずきの内容が異なり，援助要請すべき事柄も異なることが予想される。ところが，この課題の特質にみられる両者の違いは，生徒

の援助要請という行為と関連付けて特に考察されているわけではない。課題の特質によって生徒に促される数学の理解の側面にはどのような違いがあるか，そして教室談話においてどのように反映されているかをふまえ，数学の理解の側面に着目して援助要請を契機とした相互作用プロセスを精緻に検討する必要がある。

　第2に，相互作用の枠組みが固定化されていることである。質問紙調査という手法では必然的に，援助要請の行為そのものが検討の対象とされる。したがって，あらゆる生徒が潜在的援助要請者として扱われ，潜在的援助者が想定された回答となる。言い換えると，時間軸を捨象して，常に教えてもらう生徒と教える生徒の関係で捉えられている。これを実際の教室場面で時間の経過をふまえて考えると，生徒は援助を要請する側にも援助を提供する側にもなる可能性を持っているうえに，それが必ずしも能力の有無によって二分されるとも限らない。むしろ，瀬尾（2013）が指摘するように，常に同じ生徒が別の同じ生徒へ援助を要請するという一方向の固定的な関係が生まれることを避け，あらゆる生徒が学び合うという対等な関係を教室に保障することが求められている。援助要請者と援助者，わかっている生徒とわかっていない生徒とで二分して枠組みを設けるのではなく，ある状況における援助要請者がどのような生徒であるかに着目して，ダイナミックな援助関係によって相互作用プロセスを捉える必要がある。

　第1の点で述べた通り，援助要請の行為の仕方を検討した Webb らの研究では，1つの問題解決を小ステップで分けた中の一部分の対話が分析の対象とされていた。このことから，相互作用プロセスを変化させる状況を検討するうえでの課題として，2つの方向が考えられる。1つは，問題解決の一部分だけを取り出すのではなく，グループで数学の問題解決に取り組む場面におけるはじめから終わりまで様々な局面を考慮に入れてプロセスを辿ることである。もう1つは，課題構造の異なる課題へ取り組むグループでの問題解決場面を比較することである。前者は援助要請の生起する相互作用のプロ

セスの時間的な変化であり，後者は条件の異なる相互作用のプロセス間の違いである。これらの相互作用のダイナミクスを考えるにあたり，数学の問題解決プロセス，および課題構造の違いについてさらなる検討を行うことが必要である。

　第 3 に，教師の役割が十分に検討されていないことである。何をどう考えたか生徒に尋ねる質問の後に，他の生徒の考えとの相違を継続して尋ねるという教師の行為が，生徒の他者の考えと関連づけた説明を促す（Webb, Franke, Ing, Wong, Fernandez, Shin, & Turrou, 2014）というように Webb らが検討を重ねている教師の役割は，学級全体での議論の場面で生徒の説明行為を精緻化させることに対する役割である。一方で，教師の指導が生徒の援助要請に対して変化をもたらすこともまた指摘されている（Newman, 1998；瀬尾, 2008）。しかし，援助要請をその教室における数学の学習のための積極的なスキルとして育む教室談話空間の生成に対する教師の役割は明らかにされていない。教室談話の生成について，教師の省察を考慮に入れた検討が必要である。

　以上のように，対話を中心とした特定の数学の教室における援助要請の行為の特徴，および援助要請を契機とした相互作用プロセスが状況に応じてどのように異なるかを明らかにするための援助要請研究に関する課題が 3 点指摘された。これらの課題に取り組むための本研究の理論的枠組みを次項で整理する。

3　本研究の理論的枠組み

　以上の先行研究の検討をふまえ，本研究では中学校数学科の授業における相互作用プロセスを，援助要請という生徒の行為に着目し，その行為が生起する状況に位置づけて明らかにすることを目的とする。本項では，この目的を達成するために本研究がとる立場，および何を分析対象とするかという理論的枠組みを整理する。

　本研究は数学の授業中に実際に生起した援助要請の行為と，それによって生じる相互作用プロセスを捉えるにあたり，Webb らの研究から得る示唆は大きい。したがって，援助要請を他者との協働における積極的な情報処理を促進する概念（Webb, 2013）として捉える。そして，援助要請を視点として相互作用を捉えることの研究上の背景について，さらに検討する。

　これまで，ペア・グループを対象に協働的に学習することの有効性が示されてきた（たとえば Teasley, 1995; Fawcett, & Garton, 2005）。その有効性は第 1 に，自分とは異なる既有知識を持つ他者と交流し，様々な意見に触れることで，認知的葛藤が呼び起こされ，自分の考えの矛盾点や不十分点に気づきやすいということである。相互作用の中で社会認知的葛藤が生じる際に，認知的変化が促進されることが示されている（Doise, Mugny, & Perret-Clermont, 1975）。また，Yackel, Cobb, & Wood（1991）は，小学校 2 年生の数学の教室を観察・記録し，認知的変化が起きた数学の協働的なペアの対話が，他者の解決方法の一部を利用すること，問題を再概念化すること，自分の概念的枠組みを拡大させることの 3 点の特徴のある学習機会であったことを質的な分析から描いている。他者との相互作用において他者の考えを知ることで，自分の考えを振り返り，改善している利点が示唆されている。

　第 2 に，他者からの質問などによって，他者に対する自分の考えの説明が促されることである。自己説明が理解を促進することは以前から指摘されてきたことであるが（Chi, Leeuw, Chiu, & La Vancher, 1994），1 人で問題に取り組む場合に比べて，ペアで課題に取り組ませた方が説明するという活動が促され，説明活動が問題解決に有効に働いたこともまた示されている（Okada, & Simon, 1997；石井・三輪，2001）。たとえば，清河・犬塚（2003）は，中学校 2 年生の男子生徒を対象に，読解力を向上させるために指導者とペアになって，互いに自分が読んだ文章の内容を要約して説明し合う「相互説明」という指導枠組みに基づいて個別学習指導を行った。生徒と指導者はそれぞれに文章の異なる部分を読み，内容を説明する役と，説明に対して質問をする役

を交代しながら，さらにもう1人の指導者が2人のやりとりを評価して助言する役を担い，全8回の指導が行われた。その結果，男子生徒は質問役の指導者や評価役の指導者からの言葉を手がかりとして他者に伝わるように自分の説明を顧みることを経て，指導前と比較して指導後の要約文のパフォーマンスとして，文章の内容が羅列されるだけでなく，重要な情報を抽出したり段落の関係に注意を向けた要約をしたりするようになった。他者に説明をしようとすることで，対象そのものや自分の考えに対する解釈や検証が促されるようになると考えられている。

　さらに，伊藤・垣花（2009）は，自己説明に対して他者への説明がより効果的であることについて大学生を対象に，統計学の散布度を題材として，対面で説明する群，ビデオカメラに向かって説明する群，説明準備に対応した学習のみ行う群に分け，説明行為と説明内容の理解の関係を調査している。その結果，事後テストの成績において，対面で説明する群が他の両群を上回っていたことが示されている。その要因を説明の発話から検討すると，データや式に対して解釈を加えた説明，その説明の繰り返しという「事実の解釈」と「説明内容の振り返り」の発話出現頻度にあり，そのような発話は聴き手の返事や頷きの有無といった否定的なフィードバックを契機に生じることが確認されている。つまり，対面している聴き手の理解していなさそうな態度によって解釈や振り返りが促されると考えられ，1人で説明を構築するよりも他者への説明が必要な状況で説明を行う方がより効果的であることが示唆されている。

　第3に，課題を遂行する者とモニターする者が交替することによって視点が補完されるという利点である。課題遂行役とモニター役の役割交替を通じたペアでの問題解決の効果が指摘されている（Miyake, 1986; Shirouzu, Miyake, & Masukawa, 2002）。また清水（2007）は，中学生のペアの談話を解決方法の方針の変容に着目して分析し，対話が行われるにもかかわらず，解決はそれぞれの考えに基づいてそれぞれ進められ，2つの思考が併存することを指摘

した。そのとき，それぞれ発話しながら課題への取り組みを進める中で，一方の生徒の発話が聴き手にまわった生徒にもたらした変化の解釈から，発話者の考えに対して応答をするか否かによってその後の解決プロセスを方向づけるという「主導」，発話者の意図によらずその発話を聴いたことをきっかけに聴き手が考えを見直すという「モニター」，一方の生徒の視点をもう一方の生徒が補うという「補完」という役割を担っていたことを明らかにしている。一方の発話が課題に対する解決のための考えの提案となり，他方が別の視点でそれを容認あるいは拒否，補完するという役割を担うことによって，解決へ向けての有効な手続きへの新しい考えや改善案などが交流されることとなると考えられている。

　以上，認知的葛藤，説明の促進，役割交替による視点の補完の3点からペア・グループで学習することの有効性を確認した。ペア・グループで学習するということは，1人で学習対象と向き合うことに比べ，他者がいるということが特徴である。上述の3点の利点もある生徒に焦点をあてた場合の他者の役割を示していると言い換えることができる。他者の役割については他に，対話する相手としての応答関係に着目してその相互作用プロセスが検討されてきている。

　たとえば，一柳（2014）では，相互作用は他者の考えとそれに対するリヴォイシングと捉えられ，学生同士のグループでの問題解決過程におけるリヴォイシングの機能が検討されている。そして，学生が他者の発話の中から自分にとってわからない考えや共感する考えを能動的に聴き分けて，言い換えたり受容したりしていたことを明らかにしている。教師の応答に着目して相互作用を捉えた研究では，教師がメンターとしてグループへ参加した場合は知識の表示や課題の達成を促し，パートナーとしてグループへ参加した場合には知識の構成や評価を促すことが示唆されている（Tabak, & Baumgartner, 2004）。生徒間の応答関係から相互作用を捉えた研究では，最終的に自力解決できるようになる相互作用が成立したグループにおいて，誰かの提案に対

してグループの他者から同意を示したり新しい提案をしたりする受容タイプや代案や例を挙げたりする議論タイプの応答が多く，成立しなかったグループにおいて拒否や無視のタイプの応答が多かったことが示されている（Barron, 2003）。

　これら3つの研究のように，ペア・グループでの相互作用の研究では，他者との交渉によってある人の取り組みがどのように変わったかという個人の変容や，他者との関わり方がどのように変わったかという相互作用そのものの変容などが明らかにされている。また，これらには共通点があることが指摘できる。問題に対する考えや解決案を説明する行為を起点とし，その応答として相互作用が捉えられているという点である。

　ペア・グループで協働的に学習することの有効性として，上述したように社会的葛藤が生じること，自己説明が促進されること，視点が補完されることが示されてきた。問題に対して自分で考え，説明を構築する行為が学習にとって重要であることに変わりはない。ただし，Figure 1-1 に示すように，次のような見方をすることが可能である。これまでの研究は，生徒 A と生徒 B の相互作用を考えたとき，生徒 A の考えに対する生徒 B の応答がもつ機能に重点をおいている。先行する生徒 A の発話に対する生徒 B の応答の質によって，生徒 A の考えがより深められるという捉え方であるといえる。つまり，聴き手の態度が重視されている。この見方を少し変えると，後続する生徒 B の応答は，生徒 A の発話によって誘発されて質が左右されるというように捉えることが可能である。生徒 A と生徒 B のどちらに視点を置いて相互作用の開始と捉えるかという違いではあるが，これまでの聴き手の態

Figure 1-1　相互作用に対する従来の分析視点（左）と本研究の分析視点（右）

度に加え，さらに生徒Aの発話から捉えてみることによってあらゆる生徒が能動的に学び合う学習のあり方がみえてくると考えられる。

　テキストを読んだ後に質問し，言い換え，要約するという活動を組織する「互恵的教授法（reciprocal teaching）」の読解力への効果を検証したAnn Brownという研究者がいる。Brown（1997）は，読解力の低い小学校3年生の児童に対し，事前テストの後，次の4つの群に分けて20日間の実験を行った。第1群は，質問・言い換え・要約の活動を大人からの原理や意味の説明を受けながら行う互恵的教授明示群，第2群は，大人からの原理や意味の説明を受けずに質問・言い換え・要約の活動をする互恵的教授暗示群，第3群は実験の間，ペアになることなく1人でテキストを読む練習群，第4群は事前テストと事後テストの間でテキストを読むことをしない統制群である。その結果，事後の成績では互恵的教授がなかった第3群と第4群に比べて，あった第1群と第2群に明らかに効果があり，また，大人から原理や意味の説明があった明示群である第1群と暗示群である第2群では差がなかったことを示している。要するに，質問・言い換え・要約の活動をすることそのものが，そして1人で読むことに比べて他者に伝えるということが児童の理解を深めていると考えられる。また，その活動の中身に注目すると，相互作用は決して提案のような個人の見解を教えたり説明したりする生徒だけに有効に働くわけではなく，どこがわからないかを考えて質問し，手がかりとして必要なことは他者に教えてもらう必要がある生徒にとっても理解のために機能していることがうかがえる。

　このように，学習を進めるうえで援助の必要な場合に質問をする行為によって，相互作用を捉えることも重要であることがわかる。Brown（1997）の研究は読解の課題において，活動の内容が明示されている相互作用を対象とした検討であるが，教えてもらうという受け身の行為によってのみならず，教えてもらう側の生徒の能動的な行動があって効果を発揮するという点は，中学生の教室場面でも固定的な関係に縛られない互恵的な学習として応用に

値する。

　したがって本研究では，生徒間での相互作用プロセスを，援助要請を起点として援助の応答が続く発話の連鎖と捉える。これにより，援助者，つまりは従来の聴き手からの応答として何を援助してもらえるかは，援助要請者の行為の質によって左右されると捉えることができ，特定の援助者と被援助者，あるいは特定のできる生徒とできない生徒という枠に固定化されない，ダイナミックな相互作用のあり方を追究することが可能になると考える。

　さらに本研究では，前項で指摘した3点の課題をふまえ，授業において援助要請が生起する社会的状況を重視する。その社会的状況として，教室談話に着目し，学級全体での談話とグループでの談話を授業内に想定する。両者を状況の違いとして捉えるのは，単に人数の規模によるだけではなく，談話のフォーマル度のためでもある。学級全体での談話は，教師が介在する学級全体での学習活動における対話のあり方である。一方，グループでの談話は同じ学習者である生徒同士による学習活動の対話のあり方である。以下に示す通り，グループで話したことを学級全体での学習活動の時間に発表するよう求められることからも，グループでの談話の方が教室談話と比べるとよりインフォーマルな談話であるといえる。

　たとえば，Lampert, Rittenhouse, & Crumbaugh（1996）は，学級全体での学習活動とグループでの学習活動とで，生徒の談話が異なることを説明している。他者の答えと解法のいずれに対しても丁寧に同意と異議を述べて議論する談話が，生徒の数学的推論，検証に基づいた学習規範および他者と関わる社会的規範の形成につながるとして提唱しつつ，実際には学級全体での議論の場で反論されることが生徒にとっては苦痛を伴うことが例に挙げられている。それは，グループでの議論の過程では主張をぶつけ合うものの，学級全体での議論に移る前に数学的な正当性を捨ててでも折衷案を模索し他者の考えを守ろうとしていた生徒の姿である。他者の考えに対する肯定・否定の行為に対し生徒は敏感であり，議論をする環境や根拠の前提を確認するこ

とが重要であることが述べられている。

　グループの中であれば率直に自らの考えを述べられるものの，学級全体となると否定されることに恐れを感じ，身を守ろうとするこの事例からは，授業での相互作用を捉えるにあたり，学級全体での談話とグループでの談話を分けて考える必要があることが導かれる。特に，援助要請は受け手によっては自分の能力不足の開示として解釈される可能性のある繊細な行為であり，フォーマル度の違いは考慮すべき問題である。そこで，本研究では援助要請の行為は原則としてグループでの談話から捉えることとする。

　しかし，両者の談話は無関係であるわけではない。第 1 項(3)で言及したように，生徒のグループでの説明の行為は教師の日頃の質問の仕方・内容・連鎖によって左右される（Webb et al., 2008）。説明の行為の他に援助要請の行為に対する教師の役割を検討する必要については先述した通りであるが，教師の質問行為は学級全体での談話に埋め込まれており，それは教室においてどのように数学を学習するかという学習規範にも反映されると捉えられる。したがって，本研究では，学級全体での談話を援助要請の生起する相互作用として直接の分析対象とは捉えないが，援助要請が生起するグループでの談話の基盤となる数学学習の関係性を規定する相互作用として分析の対象とする。

　以上のように，本研究では，授業における相互作用の社会的状況としてグループでの談話と学級全体での談話を想定し，前者では生徒の援助要請の行為そのものと，援助要請を起点として援助の応答が続く発話連鎖としての相互作用を，後者ではグループでの談話の基盤となる数学学習の関係性を規定するものとしての教師の談話を分析の対象とする。この理論的枠組みに基づき，以下では，前項で指摘した援助要請研究から導かれる課題に取り組むために必要とされる知見を，数学の理解の側面に関する研究，教室談話研究からさらに検討する。

第2節　援助要請と数学の理解の側面

1　数学的概念の二面性

　前節第2項で指摘した通り，授業において生徒にどのような数学の理解の側面が学習されることが促されるかによって，生徒が構築すべき説明の内容やつまずきの内容が異なり，援助要請すべき事柄が異なることが予想され，援助要請を数学の理解の観点から捉えることが必要である。そのために，数学の理解がどのように捉えることができるかを整理する必要がある。

　数学の授業は，生徒が数学を理解し，数学的に物事を考えられるようになるために学び合う場である。しかし，数学を理解するという言葉は多義的で，そのままでは具体的にどのような状態になることを指すのかは明確ではない。それは，方程式を解けることと，方程式を解くことがどのような意味であるかを説明できることとが，必ずしも同時に達成されているとは限らないことから明らかである。このような現象について，これまで数学の理解を二側面に整理して捉える試みがなされている。

　Sfard（1991）は，数学的概念を「操作的（operational）概念」と「構造的（structural）概念」という2つの相補的な概念で捉えている。「操作的概念」とは，ある数学的表記を一つの計算過程として，「構造的概念」とはその同じ数学的表記を全体の結果として捉えることである。これについて，Sfard（1991）は関数，対称，自然数，有理数，円の概念を例に挙げて説明している。たとえば，関数を「操作的」にみるということは，x の値を決めると y の値が決まる計算過程として捉えることであり，「構造的」にみるということは，(x, y) と表されて座標とも呼ばれる順序対の集合（要するにグラフ）として捉えることである。また，円を「操作的」にみるということは，固定された点を中心にコンパスを回転させることとして捉えることであり，「構造

的」にみるということは，与えられた点からすべて距離が等しい点の軌跡として捉えることである。そして学習プロセスは，多くの場合に操作的概念の獲得から始まる，両者の入り組んだ相互作用であり，その困難性を指摘している。

この Sfard（1991）の論考が表現しているのは，数学のある概念を表から見るか裏から見るかという違いである。さらにいえば，この二面性は理解の対象となる概念を生徒がどのようにみているかという指標として，理解の質や水準の違いを顕著に捉えることを可能にする。Sfard（1991）の考え方を手がかりに，以下では文字式の学習に焦点をあて，二面性からどのようなつまずきが生じやすいかを捉えてみる。

文字式の学習は，中学校以降の数学の学習において基盤となる学習内容である。なぜなら，何かの事象を数学的に捉える際，未知数や変数を文字によって表現したモデルが文字式であり，それらは数学的法則に従って式変形でき，さらに変形された文字式を読むことによって事象に対する新たな洞察が可能になるという点で，数学の主要な思考方法としての言語であるためである（三輪，1996）。たとえば方程式は，文字式の例の 1 つである。方程式は，ある数量が等しいことを等号を用いて表現した文字式であり，方程式の解は変形された式にあたる。

現行の中学校学習指導要領によれば，文字式の学習が始まる中学校 1 年生では，「文字を用いることや方程式の必要性と意味を理解する（p.20）」ことが目指されている。文字を用いることについては，「文字を用いて数量の関係や法則などを式に表現したり式の意味を読み取ったりする能力を培うとともに，文字を用いた式の計算ができるようになること（p.58）」，方程式については，「方程式の必要性と意味及び方程式の中の文字や解の意味を理解すること」，「等式の性質を基にして，方程式が解けることを知ること（p.61）」などの内容が定められている（文部科学省，2008）。要するに，文字式や方程式を計算したり解いたりすべき所与のものとして捉えるだけでなく，思考の

手段として機能させるために対象として抽象化できることが求められている。

　しかし，数学初学者としての生徒にとって文字式を抽象化して理解することは容易ではない。Sfard（1991）による数学的概念の二面性から文字式を考えると，a＋bのような文字式は，aとbをたす計算過程だという操作的な見方もできれば，1つの値という結果だとして考える構造的な見方もできる。2＋3のように整数値が示されていれば，「2に3をたす」という演算命令を表す見方が操作的で，演算して得られた結果の5として捉える見方が構造的となる。このように整数値の算数の問題であれば両者の違いはつまずきとはなりにくい。しかし，特定の値に代わって文字が入り代数の問題となった場合に，1つの値として構造的に捉えることに困難が生じる。

　このように1つの値として捉えることの困難性について牧野（1997）は，中学生に $5y＋2$ に4をたした和の式と答えを書かせる実態調査を行った。そして，$5y＋6$ という正答の他に，$13y$ や $11y$，11という誤答例が目立ち，またどの学年でも式の正答率に比べて答えの正答率が低いことを示している。つまり，式が演算の操作を表すことを理解していても，演算記号が入ったままの値を演算の結果を表すとして構造的に捉えることに抵抗を感じる中学生の存在を示唆している。

　これは，等号の理解にも通底する。Kieran（1981）は，等号記号に関する概念の諸相を整理した。そして，算数から代数への移行について，「何かする符号（do something signal）」という演算子記号としての等号記号から，左辺と右辺が等価であるとする関係的記号としての等号記号への質的な変化があることを述べている。前者の演算子記号としての等号記号は，＝よりもむしろ，→というイメージで捉えられているという。たとえば，等号を演算子記号として解釈することは，3＋5＝8について，3に5をたせば8になると考えることである。このとき，式は「操作的概念」で捉えられているといえる。一方，関係的記号として等号と解釈することは，$2×6＝10＋2$ について，2に6をかけた値と10に2をたした値は等しいと考えることである。このと

き，式は左辺と右辺のそれぞれを統合して１つの値とする「構造的概念」で捉えられているといえる。

　これらの等号記号の質的な違いは，数値により算術的に解釈できる場合には顕在化されにくいが，方程式の学習において障害となることを Kieran (1981) は指摘している。その例として，方程式 $3x+5=26$ を左辺の演算を逆算する解決方略をとる生徒[3]にとって，$3x+5=2x+12$ という右辺にも文字の項がある方程式は受け入れがたいことを挙げている。それは，両辺からそれぞれ同じ値を加減することによる $3x+5=2x+12$，$3x-2x=12-5$，$x=7$ という方程式の解法は，同値な等式を書き連ねることによる式変形であって，→のような演算子記号で捉えることはできないためであると考えられる。$3x+5$，$2x+12$ をそれぞれ１つの値として構造的に捉え，左辺と右辺の値が等価であると認識できないと，方程式を解く意味を理解したことにはならない。

　このように Sfard (1991) に従うと，文字式を理解するということの背景には，整数値による演算から文字の入った代数への移行が存在する。そしてその代数を理解するということは，$ax+b$ のような文字式を，演算命令として操作的にも演算結果として構造的にも捉えることといえる。数学的概念をその二面性で捉えると，特定の数学の概念を理解するということのプロセスの複雑さとつまずきの生じやすさが顕在化される。

　ただし，この数学的概念の二面性は，それ自体では生徒が数学をどのように理解するかというプロセスとは異なる。たとえば，前節第２項で指摘した，援助要請の行為の仕方を検討した Webb らの研究における，中学校１年生対象の「市外局番755に電話を４分かけると通話料金はいくらかかるか」という課題（Webb et al., 1995; Webb, & Mastergeorge, 2003）と，小学校２，３年生対象の「$50+50=25+\square+50$，$11+2=5+8$（正しい？正しくない？）」とい

3）　$3x$ に５をたしたら26になったのだから５を26から引けばよい，と考える生徒である。

う課題（Webb et al., 2008; Webb et al., 2009）を比較してみる。前者の課題は，一見すると日常的な文脈に埋め込まれた問題解決型の課題のようにみえるが，課題の解決に必要とされるのは，操作的な概念の知識で十分である。一方，後者は文字を用いずに□を用いた計算課題ではあるが，等号記号を関係的記号として捉え，両辺の値を同値とみる構造的な概念の知識が求められる。

　この例は，概念の二面性から捉えれば，促される数学の理解の側面や生じうるつまずきの質が異なることが予想される。しかし，いずれの課題も解法と答えは1つしか存在せず，生徒に求められるのは知識の正しい適用である。獲得すべき概念の側面は，どのような課題として生徒に与えられ，生徒がどのようなプロセスを経て学習するかとあわせて考えられる必要がある。次項では，生徒の視点に立った数学の理解プロセスがいかに捉えられてきたかを整理する。

2　学習者の視点に立った数学の理解プロセス

　上記の二面性は，学習対象である数学の概念の捉え方の違いを示すものであった。それに対し，生徒の認知プロセスの違いからも数学の理解の違いが説明されている。藤村（2012）は，生徒の問題解決プロセスにおける思考のタイプを，「手続き的知識・スキル（procedural knowledge and skills）の適用」と「概念的理解（conceptual understanding）やそれに関連する思考プロセスの表現」の2つに区分し，それらが学力の「両輪」を示すと指摘する（藤村，2012）。この2つの学力への区分は，単純に回答形式によるものではなく，問題解決における認知プロセスの違いを心理学的に示すものである。

　このような観点を持つことによって，たとえば国際比較調査の記述形式の問題が，手続き的知識の正確な適用による「定型的問題解決」と概念的理解に基づき多様なプロセスを表現する「非定型的問題解決」の2つの型に分類され，数学の理解に対する生徒の思考の特徴を分析することが可能とされる。そして分析の結果，日本の生徒が前者に対し後者に困難を示すこと，そのた

め概念的理解の促進が課題であることが指摘されている（藤村，2012）。

　数学の概念的理解は，認識の質的な変化としての学習を表す概念変化（conceptual change）に相当すると考えられている。概念変化に関する研究では，地球のメンタルモデル（Vosniadou, & Brewer, 1992）や，生きている／生きていないという区別（ケアリー，1994）など，科学分野における素朴概念から科学的概念への変化の検証が主であるが，数学分野でも研究が行われている。たとえば，Vosniadou, Vamvakoussi, & Skopeliti（2008）は，既有知識として所持している自然数の知識が，有理数の性質である稠密性の理解を妨げることを説明している。また，大学生でも有理数が稠密であることを理解しないことや（Merenluoto, & Lehtinen, 2004），分母の数が大きくなれば大きい分数になると考えること（Stafylidou, & Vosniadou, 2004）といった数学分野における素朴概念の存在が明らかにされている。

　これらの数学分野における概念変化の研究からは，生徒の概念的理解に向かうまでのプロセスにおいて，誤った概念から正しい概念への入れ替えが起こるわけではなく，誤りを含んだ初期概念から既有知識を生徒なりに何とか活用しようとして矛盾をはらみながら正当な概念へ向かって漸進的に進むことが示唆される。先の文字式の理解にあてはめて考えれば，算数学習の際に特に活用される演算子記号としての等号という既有知識が，代数になってから必然となる関係的記号としての等号の理解に向けて，誤りとして表出しつつ，活用されるプロセスがあることが理論的に導かれる。ただし，これらの研究は横断的な実験課題の実施によって概念変化を生じさせることの必要性を指摘したものである。生徒が実際にどのようにして概念変化を成し遂げたかを縦断的に明らかにしているわけではない。

　数学における概念的理解プロセスは，多くの場合，計算手続きやスキルの獲得に対するその発展的な活用としての問題解決（problem solving）を促すことで研究されてきた。広義には問題解決とは，何かが満たされていない初期状態からそれが満たされた目標状態への移行と捉えられるが，概念的理解

のための問題解決とは，事前に獲得した手続きの機械的な適用では正解することができず，知識と知識を関連づけて統合する思考プロセスを必要とするものである。定型的な解法だけでは解決することができず，既有知識を統合することによって解決することが求められる課題が用いられている。

　一方で，問題解決は認知的な側面だけでなく，コミュニティへの参加という社会的な側面とともに捉えられている。Hierbert, Carpenter, Fennema, Fuson, Human, Oliver, & Wearne（1996）は，Dewey の「反省的探究（reflective inquiry）」の概念に依拠しつつ，それを数学の理解の側面と結びつけ，数学をする人々のコミュニティへ参加することを意味する機能的な理解と，知識と知識を関連づけることによる構造的な理解とがあることを指摘している。その上で，学習する対象を所与のものとして捉えず問題状況を生徒自身が捉えて解決することを重視した問題解決を強調している。要するに，与えられた課題に対する問題表象とその解法を考えるだけでなく，その教室やグループといったコミュニティで今何を探究すべきか，ひいては自分が今何をわからずに問題となっているかという状況を捉えながら学習を進めることが重視されているといえる。

　この指摘は生徒の援助要請の行為を状況的に捉えていく本研究の立場にとって示唆的である。本研究での問いは，授業中の生徒の援助要請を状況に位置づけて検討し，それを契機とした相互作用の特徴を明らかにすることであった。その援助要請と相互作用に対して，数学の理解の側面が及ぼす影響を検討することが課題である。それに対し，数学の理解に関する研究の知見からは 2 つの検討すべき方針が考えられる。1 つは，授業で探究される課題の認知的な側面に着目することである。生徒に求められている認知プロセスが知識を正しく適用することなのか，それとも既有知識を統合して考え方のプロセスを表現することなのかといった違いを考慮に入れることである。藤村（2012）が国際比較調査の記述形式における「定型的問題解決」と「非定型的問題解決」の 2 つの型の問題に対して日本の生徒が前者に対し後者に困難

を抱えていることを指摘したことからもわかる通り，課題によって求められる認知プロセスの違いは，生徒にとって抱える困難さの違いを生む。抱える困難さによって，援助要請の仕方も異なると考えられるため，求められる認知プロセスの違いから課題を分類し，援助要請の特徴を検討する必要がある。

　もう1つは，授業で数学を他者とどのように学習するかという社会的な側面に着目することである。数学を学習するコミュニティとして授業を捉えると，その教室で数学を学習することの意味や，コミュニティの成員である教師や他の生徒との関わり方も生徒は学習することとなる。援助要請が容認されるか推奨されるか，あるいはどのように行うことが望まれるかという，行為がもつ意味も変わることが考えられる。この点について，次節では教室談話研究の知見からさらに検討を重ねる。

第3節　援助要請からみた数学の教室談話研究

1　数学という教科固有の教室談話

　談話研究では，社会文化的アプローチが広まって以降，言語学的な言葉の構造だけでなく状況や文脈を考慮に入れ，社会文化的活動への参加に目を向け，そこで参加者が構成する意味世界を質的に明らかにしようとする試みが増えている（秋田，1998）。中でも，教室という空間に特有なルール，構造，内容，関係性などを検討するものが教室談話研究である。教室談話とは，「『教室』という教育実践の場において現実に使用されている文脈化された話しことばによる相互作用（p.53）」とされる（藤江，2007）。教室でフィールドワークが行われ，実際の談話からそこでの参加者の経験する時間がいかなるものであるか，教師—生徒や生徒—生徒の関係性が問われ，検討されている。

　授業には，参加するという側面と学習内容に即して理解を深めるという側面がある。生徒が何を理解するためにどのように学習するかという行為を明

らかにするために，課題構造や教科に固有の教室談話の特徴を明らかにすることは重要である。その教室においてどのように数学を学習するかという数学に固有の教室談話研究が，これまで以下のように行われている。

　大谷（1997）は，教室における数学的実践活動に関して特徴的な相互作用パターンを「数学的参加構造」とよび，小学校4年生と中学校1年生の教室談話を比較検討している。そして，小学校の方が児童たちが互いに支え合いながら数学的な活動をしており，中学校の方が数学的条件や定義を教師が持ち出すことで生徒の自由な参加を制限していたことを明らかにした。小学校から中学校に向けて生徒の自由度が少なくなるという，数学の学習の発達として逆説的な現象があったことを見出している。数学固有の教室談話は，その教室でどのように数学を学習するかという談話における参加構造がどのようなものであるかを明示化する。

　自身が数学の教師でもある教師教育研究者の Lampert（1990）は，「教室という社会的状況において数学をわかることについて学ぶ一つの物語（p.33）」として，小学校5年生を対象とした自らの指数の授業の談話を題材に研究を行っている。生徒が数学の仮説と検証を繰り返し議論できるようにするために，「授業内容は，答を見つけることよりもむしろ，解決方略を支持したり却下したりする議論」（p.40）となるような知的な問題を与え，生徒の解法を名前と？マークつきで板書する形式をとったことを詳細に記述している。問題に対する解法の基盤をなす数学的構造についての前提を述べ，解法が正当であるか検証するような生徒との議論，すなわち数学の「ディスコース・コミュニティ（a community of discourse）」が教室に生成されることで，生徒は数学の知識を得るだけでなく，学校で数学を学習するとはどういうことかを学ぶこととなる。ここでは生徒は，説明された手続きを実行することに留まらず，個人が推論によって数学的な問いを持ち，証明と反駁を繰り返して検証する議論に参加することが期待されている（Lampert et al., 1996）。

　他に，小学校2年生の1年間の教室の記録から，記号的相互作用論によっ

て教室規範（classroom norms）の概念を導いて説明した Cobb らが代表的である。Yackel, Cobb, & Wood（1991）は，協働的に数学を学習させるための教室規範を互恵的に構築するために教師がとっていた方略として，第 1 に，自然と発生した生徒の協力的な状況に模範事例として枠組みを与え，児童にどのような義務と期待があるかを議論したこと，第 2 に，グループになる前に義務を確認する議論をしたことを，談話事例から描き出している。また，数の足し算の学習の際に，異なる解法を発表する規範が教師と生徒の相互作用の中で生じ，どのように合成と分解ができるかが議論され，答えを得るより高次の数学の活動が展開されるようになったこともまた浮き彫りにされている（Yackel, Cobb, & Wood, 1999）。ここで生成されている規範とは，あらゆる解法の正当性を検証する数学的な規範とともに，合理的でない解法でも異なる解法を発表するという教室独自の社会的な規範も伴っており，それを Yackel, & Cobb（1996）は「社会数学的規範（sociomathematical norm）」と呼んでいる。

　Cobb らは，社会数学的規範は生徒とともに教師が創造するものとしてその議論の展開のされ方に焦点をあてていた。一方，河野（2007）は教室における社会数学的規範の生成に対し，図の機能に着目して研究を行っている。小学校 5 年生の教室において，教師が提供した数直線図というツールではなく，児童が創り上げた独自の絵図が児童の理解に果たした役割を検討している。使用されなかった数直線図という抽象的な数学的ツールに対し，児童が描いた図は初めに文章題の場面表象として受け入れられ，その後考えを説明して知識を統合することを通して変化を遂げて数学的表象にもなったことを描出した。そしてその図が，児童たちの理解への足場かけとなっていたことを指摘している。数学という教科は，たとえば国語と異なり，テキストを媒介にすることよりもむしろ，式や図，表を媒介にすることが多いといえる。これらの数学的な媒介物に着目し，さらに教師が導入する数学的ツールなのか，生徒が生み出した絵図なのかという視点を設けることで，数学ならでは

の教室談話がより詳細に浮かび上がっている。

　教室独自の数学の学習の仕方を規定する生徒の学習する関係性の生成を明らかにしているこれらの研究は，日々の自然環境における数学の授業実践に焦点をあて，数学的な問いに対する見方・考え方の交流や，学校で数学を学習することの意味を問い直すという点で大いに示唆的である。一方で，教師—生徒，あるいは生徒—生徒の関係性から学習集団としての変容を明らかにしているが，その集団の中における生徒個々が経験する変容を個別に示すものではない。分析の対象とされているのは，主に学級全体での談話において発話をした生徒の発話内容である。したがって，本研究で対象とする援助要請の行為は，学級全体での談話のみを取り上げても表れてこない可能性がある。

　学級全体での談話の中から生徒の発話を取り上げて分析するのではなく，生徒個人に着目し，教室の中でいつどのように援助要請を行いながら学習を進めているかを検討することが課題である。生徒の視点に立ち，教室談話への参加を学級全体での談話だけでなくグループでの談話も含めて微視的に捉える必要がある。

2　教室談話への参加における個人の特徴

　前項で指摘した通り，教室談話研究は積極的に発言をした生徒の発話内容が検討の対象とされ，発言をしていない生徒の授業への参加と学習の様相は検討されない。しかし，授業では，発言者のみならず，非発言者も学習する。秋田・市川・鈴木（2002）は，算数の授業への参加の仕方と話し合い場面の記憶の関係を分析し，児童の参加スタイルが，(I)重要発言の話者であり再生者でもある，(II)重要発言の話者ではあるが再生者ではない，(III)重要発言の話者ではないが再生者ではある，(IV)重要発言の話者でも再生者でもない，という4類型に分類できることを示している。そして，スタイルIの児童を増やすのではなく，それぞれのスタイルに応じた援助のあり方を模索する方向性

を提示している。このように，学級全体での談話のなかでの非発言者の授業への参加，学習のあり方は，発話を主な分析対象とする談話研究とは別に，生徒の記述分析というアプローチを用いて検討されている。

たとえば一柳（2009a）は，発言する以外の児童の授業への参加を，直後再生課題を用いて捉えている。小学校5年生の社会科および国語の授業終了直後に，その時間について教師や他の児童が発表していたことについて覚えていることを可能な限り多く書くよう求めて得た直後再生課題の児童の記述を分析している。分析の観点として，誰が何を発表したか，自分の言葉で言い換えているか，要約しているかという3つの能動的な聴き方を指標とし，よく聴くことができると教師から認識された児童の授業内容の再生の仕方を検討した。その結果，発言者と非発言者の間で差がなかったことを示している。発言の形で談話記録に表れなくても，聴いている児童は発言した生徒と同等の学習をしており，聴くという行為は談話を媒介にした積極的な授業への参加の仕方であることが明らかである。

また理解の側面については，実験授業中に児童・生徒が書いたワークシートの記述分析のアプローチが採られている。以下に挙げる研究で用いられるワークシートはいずれも，水準の異なる方略の組合せにより多様な解法が可能な課題によって構成され，事前課題と事後課題で用いられた方略の水準の差がみえるようになっている。小学校5年生の「単位あたりの大きさ」の導入授業における児童の方略変化を検討した藤村・太田（2002）は，解法の比較検討場面において発言していなかった児童でも，単位あたりの計算をワークシートに書く際に計算の目的をも書いて意味理解していた児童については，6名中5名が事後テストの同型の問題に対して単位あたり方略を的確に用いることができていたことを明らかにしている。高校2年生の回転運動と三角関数の関連づけの授業における生徒の知識統合プロセスを検討した小田切（2013）もまた，生徒の多様な考えを理由も問いながら協同的に統合する場面で発言をしなかった生徒たちに焦点をあて，その方略変化を事前課題で異

なる方略をとっていた生徒に分けて検討している。その方略は，知識がより多くかつ具体的に関連づけられている順に理解水準の高さが捉えられ，事前課題で異なる水準であるものの三角関数の知識を用いていた生徒については，ワークシート上で自分や他者の考えを関連づけて説明を構築することによって，より高い水準の方略へと変化させたことを示している。

　このような授業直後の再生課題や授業中のワークシートの記述による分析から，非発言者であって学級全体での談話において分析の対象とされていなくても，他者の発言の意味を理解しようとして言い換えや要約を行ったり，知識を統合させようとしたりしてよく聴いている生徒は，理解を深化させ，授業に参加しているということがわかる。学級全体での談話に表れていなくても，能動的に参加して理解を深めている生徒は存在する。したがって，生徒個人に焦点をあて，教室の中でいつどのように援助要請を行いながら学習を進めているかを検討するにあたり，学級全体での談話からのみ検討するのではなく，発言していない間の聴くという行為にも着目することが必要である。援助要請の行為のみではなく聴くという行為とあわせて検討することにより，授業の中でいつ何を援助要請するかという援助要請の生起状況が浮かび上がると考えられる。

3　時間経過に伴う相互作用の変化

　第1節2項で先述したように，援助要請の研究から導かれた相互作用プロセスを左右する状況を検討する上での課題として，問題解決の一部分だけを取り出すのではなく，グループで数学の問題解決に取り組む場面におけるはじめから終わりまで様々な局面を考慮に入れてプロセスを辿ることを指摘した。本項では，数学の問題解決を協働的に行うプロセスにおける段階的な変化に関して検討する。

　Noddings（1985）は，グループの数学での問題解決を検討するための理論的枠組みについて論じている。まず，問題解決のプロセスを学校で数学を学

習するという文脈におき，①表象の創造，②表象に基づいた計画の実行，③結果の受け止め，④結論の評価という4段階モデルを提示した。そして，そのプロセスに基づいて社会言語学的に発話を細かく分析することの可能性を示したが，一方で失敗を指摘している。それは，コーディングのみの分析によって文章題を解くグループの談話がどのようであったかを説明するに留まったことである。そこで，グループの問題解決のプロセスが個人の心的操作にどのように内化されているかという問題を提起し，より微視的な研究の重要性を導き出した。

　微視的な研究として，たとえば橘・藤村（2010）は，高校生を対象に方略の質的な変容から捉えた概念的理解とペアでの他者の役割について詳細な検討を行っている。課題は，ある図形を合同な図形に線分を使ってどのように分けられるか，その分け方はいくつあるかを問うものであり，複数の知識を個別に説明する方略から複数の知識を関連づけて包括的に説明する方略への質的な変容から概念的理解の深化を捉えた。そして，ペアで取り組ませた場合に，たとえば一方が「線分が中心を通る」という要素に言及し，他方が「線分が交わる」という要素に言及した後，両方の要素を関連づけて「線分が中心で交わる」という説明がなされて，図形の分け方が有限ではなく無限にあることの提案へ向かう相互作用があったことを明らかにしている。このように，個人よりペアで問題解決を行わせた方が要素の関連づけが促されるために方略の質的な変容が生じやすかったことから，ペアで問題解決を行うことの有効性を示している。さらに，「要素を抽出する段階」と「要素を関連づける段階」とにプロセスを分けて段階的教授を行い，一括教授をした場合よりも，課題の本質的な意味を探究することとなる回転無限方略への変容を促進できたことを明らかにしている。

　Noddings（1985）の指摘は示唆に富む。つまり，数学の問題解決プロセスを，その数学に照らして必要な段階に生徒の行動をあてはめて捉えるのではなく，生徒が問題にどのように出会い，また他者とどのように関わっている

かに着目して捉える必要性を主張している。さらに橘・藤村（2010）は，生徒がペアで数学の問題解決に取り組む際，問題を互いに捉えようと要素を抽出して共有をはかる段階と，それによって共有された問題表象に対して知識を互いに付与し合って関連づけたりしながら説明を構築する段階とを分ける教授を行った方が，質的な理解の変化が促進されることを示している。生徒は，ペア・グループで問題解決に取り組むよう授業中に指示されたとき，必ずしも始めから問題表象を捉えられているわけではない。また，段階的教授を行わない場合には，それぞれの生徒が今どのような段階にいるのかが定まっているわけではない。生徒は問題解決のプロセスにおいて，自他がそれぞれどのような状況にいるのかを互いに探りながら問題解決を進行させていることが予想される。

　しかし，援助要請はまだその状況に位置づけて検討されていない。数学の問題解決プロセスの時間の経過による状況の変化に応じて，援助要請の行為や実際に生じた相互作用にどのような特徴があったのかを生徒の視点から微視的に捉える必要がある。

4　課題構造による相互作用の相違

　同じく第1節2項で先述したように，援助要請の研究から導かれた相互作用プロセスを左右する状況を検討する上での課題として，構造の異なる課題へ取り組むグループでの問題解決場面を比較することを指摘した。また，前節第2項において，課題によって求められる認知プロセスの違いが生徒にとって抱える困難さの違いを生み，困難さによって援助要請の仕方も異なると考えられるため，求められる認知プロセスの違いから課題を分類し，援助要請の行為の特徴を検討する必要があることを指摘した。以下では課題構造の違いについてさらに検討する。

　一柳（2011）は，児童の聴くという行為に着目して小学校5年生の国語科と社会科の授業において課題構造の異なる場面での特徴を検討した。そして，

児童の聴くという行為の特徴には，単元固有の知識が存在し，その獲得・共有に向かう話し合い場面では既有知識と関連付けながら聴き，その知識を明示することに意識が向いていたのに対し，テキストや特定の話題について多様な考えを交流し，理解の精緻化に向かう話し合い場面では，生徒の聴き方が多様化されていたという違いがあったことを描き出している。

　これは数学を対象としたものではないが，同じ教科内でも課題構造の異なる話し合い場面では生徒の行為が左右される点が示唆に富む。課題構造の違いとしては他に，良定義問題と不良定義問題という課題の種類がある。解答までの道筋や答えが順を追って定まっているのが良定義問題で，不良定義問題は解答までの道筋や解答までもが回答者に委ねられている問題である。そして，そのいずれであるかによって学習者の認知プロセスに違いが生じていたことや (Schraw, Dunkle, & Bendixen, 1995；鈴木・邑本，2009)，数学の活動の構造としてクイズか発表かによって生徒の立ち位置に違いが生じていたこと (Esmonde, 2009) が明らかにされている。

　ただし，良定義問題と不良定義問題という観点では，教科特有の知識や体系といった領域的な問題を説明するには十分とはいえない。授業中に教師によって与えられた課題の違いを考える上では，その問題で数学のどのような理解を生徒に求めているのかという生徒の思考プロセスも考慮して課題を捉える必要がある。藤村 (2012) の「定型的問題解決」と「非定型的問題解決」を参考にすれば，どのような知識を用いるかが事前に共有された状態で正しく適用して解決をはかり，答えを得ることを求める問題と，どのような知識を用いてどのように考えたらよいかという考え方の道筋を表現すること自体が求められる問題と表現できそうであるが，その教室で求められている数学の理解に即して分類することが求められる。その分類によって，援助要請すべき内容とそれに付随した援助の内容が変わり，相互作用の特徴もまた異なる可能性がある。課題構造の違いによって援助要請を含む相互作用プロセスが変化するのか，変化するとしたらどのように変わるのか，検討する必

要がある。

5　相互作用における生徒間の関係性の変動

　援助要請に関する研究知見の課題として，第1節2項において，相互作用の枠組みが固定化されていることを指摘し，あらゆる生徒が学び合える対等な関係を教室に保障するには援助要請者と援助者，わかっている生徒とわかっていない生徒を特定の生徒に当てはめる枠組みを打破し，ある状況における援助要請者という文脈依存性を考慮して相互作用プロセスを捉える必要性を述べた。本項では，これらを捉える上で必要な視点を，相互作用における生徒間の関係性に関する知見から検討する。

　相互作用における生徒間の関係性については，パターンの多様性が指摘されている。同一課題でもペアやグループによって相互作用パターンが異なり（Forman, & Cazden, 1985），解法を共に構築するか独立したものとして考えるかという課題の共有志向性の程度や教材を共に用いるか個人の領域として個別に用いるかという注意の結び付け方，生産的か攻撃的かという応答の仕方の互恵性による違いが示されている（Barron, 2000）。また，Artzt, & Armour-Thomas（1992）によれば，グループにおける相互作用パターンは，想定される4パターン，すなわち成員が個々に独立関係のパターン，互いに持ちつ持たれつの関係のパターン，一人が進めて他の成員がそれを見たり聞いたりするワンマンショーパターン，成員がそれぞれ独立したり協力し合ったりする組合せパターンが観察された程度で捉えることができる。

　これらの相互作用パターンの違いは，グループ間での違いを指摘している。どのようなパターンがグループの中で生じればよいかを明らかにすることが目指されているために，生徒の個人的特性は捨象している。同じペア・グループを異なる条件のもとに比べて明らかにしているわけではない。

　生徒の個人特性に着目した Sfard, & Kieran（2001）は，ペア学習を経験した後に成績が向上したペアでも，参加の仕方によってペア学習後の成績の伸

び幅に差があったことを明らかにした。成績の伸び幅にもたらされた差は，ペアで課題に取り組む最中の発話の宛先と内容の分析の結果，解くことに関心があって自分で次々と進めたい生徒と，相手の生徒との相互作用そのものに関心があってコミュニケーションをとりたい生徒の個人特性を明らかにし，生徒個々のペアでの問題解決プロセスで優先したいものの相違に起因していたことを示している。

　Sfard, & Kieran（2001）が指摘するように，生徒の個人特性による相互作用での固定的な役割は確かにあるといえ，見過ごすことのできない事柄である。ただし，ある1つのグループにおいて生徒が求められる役割が必ず固定的でなければならないと定められているわけではない。グループ内で役割がダイナミックに変化するとすれば，互恵的な学習が保障されると考えられる。生徒の個人特性を考慮に入れるために特定のグループに焦点をあて，異なる条件下に置かれたときに関係性が変動する様相を検討する必要がある。

第4節　教室談話における教師の役割

　援助要請研究の課題の3点目として，教師の役割の検討が十分ではないことを指摘した。以下では，教室談話の知見から，援助要請をその教室における数学の学習のための積極的なスキルとして育む教室談話空間の生成についての教師の役割に対する課題を検討する。

　教室を知的格差のある教師と生徒が対話する空間と捉え，その教室に特有に潜在的な談話構造があることを示した代表的な人物が Mehan（1979）である。その構造とは，教師の働きかけ（initiation），生徒の応答（reply），教師の評価（evaluation）という発話の連鎖としての IRE 構造である。生徒の応答が評価の対象であること，それは同時に，教師が生徒の応答への期待として既に知っている内容を質問していることが，日常会話と異なる教室という社会的文脈に特有な点である。ここからは，生徒の教室談話への参加と，そ

れによる学習を保障するために談話構造を意識的に組織することが，教師には教授方略の可能性として開かれていることがわかる。

　近年では，Vygotsky の論じた，生徒個人の発達は社会的に支えられるという観点から，生徒の談話を中心とした授業の重要性が強調されている（たとえば Forman, & Cazden, 1985; Cazden, 2001）。教師の知識伝達による生徒の受け身の授業ではなく，生徒が能動的に考え，個々に知識を構築することが望まれ，生徒がどのように対話を通して知識を相互構築しているか，そしてそのために教師がどのように対話をファシリテートしているかに関する知見が教室談話研究において蓄積されている。

　生徒の授業への参加を支援する教師の談話研究では，一対多でなされる対話に参加することが求められるという教室の談話ルールに適応させるため（O'Conner, & Michaels, 1996；清水・内田，2001；松尾・丸野，2007；2008），あるいは課題解決や授業進行を円滑化するために（藤江，2000；岸野・無藤，2005），教師が授業中にいかに調整しているかが検討されている。

　O'Conner, & Michaels（1996）は，生徒の発話を直接引用したり，前の生徒の発話と関連づけたりすることによって，発話した生徒に功績を認め，説明を加えて定式化したり，他の生徒に賛否を促したりして，教師が生徒の参加枠組みを創り出していたことを明らかにしている。この，ある生徒の発話について話し言葉，または書き言葉によって他者が行う繰り返し発話は，「リヴォイシング（revoicing）」として概念化され，研究が進められている。たとえば松尾・丸野（2008）は，小学校6年生の国語の授業を対象に，児童が多様な考えを出し合って学び合う授業への移行に伴う話し合いのグラウンド・ルールの意味づけの変容に着目し，教師がリヴォイシングを行うことで発話意図の明確化や，他児童の意見を聴いて自分の意見を考え直すように求めるなどの働きかけが変容の契機として浮かび上がったことを示している。

　また藤江（2000）は，小学校5年生の社会科の授業において，課題解決の文脈に即している点ではフォーマルともとれるが，認知表出としては不十分

さが残る点でインフォーマルともとれる生徒の両義的な発話に着目し，両義的発話が生成された文脈に応じて教師が対応を変え，課題解決を方向づけたり，授業進行の主導権を維持したり，活性化させたりしていることを明らかにしている。このように教師は，生徒が授業における談話に参加することを通して，他者の発話内容やルール，課題を学ぶことができるように，生徒の発話内容に合わせて細やかに対応していることが明らかになっている。

　これらの研究から，教師が教室談話において影響力を持っていることは明白である。しかし，生徒がわからなさを積極的に援助要請して共有し，数学の概念的理解に向かうための教室談話を教師が創造するメカニズムを探るには，数学という教科に即した教師の特定の行為に焦点を絞って検討を行う必要がある。

　まずは教師が談話によって生徒の学習の変容を引き起こす点に関して，Cazden（2001）は特に質問という発話によって，教室談話に生徒が参加する機会を教師が与えたり制限したりする役割を担っていることを指摘している。たとえば，既に出ている答えや正答をすぐ応答するように生徒に求める教師の質問は，援助要請の回避などといった生徒の談話を制限することが明らかになっている（Turner, Midgley, Meyer, Gheen, Anderman, & Kang, 2002）。

　他に，Hiebert, & Wearne（1993）は，小学校2年生の位取りが必要な足し算と引き算の授業を，解説された計算手続きの練習が活動の中心を占める伝統的な型の授業をする学級と，位取りと計算方略とを関連づけることを強調する新しい型の授業をする学級とで同学校の中で比較している。1回の授業の中で教師が説明や分析を生徒に求める質問の回数が6回より少なかった前者の型の3学級では，問題や解法についての生徒の応答が6単語かそれ以上である発話数が生徒の応答発話数の約10%であったのに対し，同様の質問回数が約20回あった後者の型の2学級では約35%であったことを明らかにしている。グループ学習の時間が前者では授業時間の70%より少なく，後者では約85%であったことからも，言葉にする機会を質問内容と活動の構成の工

夫で多くすることによって，生徒が思考を明確化させ問題解決を促進させられた可能性を指摘している。教師から生徒への質問という発話は，教師の質問から生徒の応答までの間や内容によって生徒の学習の仕方に影響があることがわかる。

　第1節で先述したように，Webb らもまた教師の質問に焦点をあてて，教室における生徒の協力的な数学の学びは，教師の生徒への質問の内容やつなげ方によって左右されることを指摘している（Webb et al., 2008; Webb et al., 2009）。さらに協働的な学びとしての生徒による他者の考えと関連づけた説明の構築は，何をどのように考えたかを尋ねる質問内容に続けて，他の生徒の考えとのつながりの説明を促すという教師の行為によって支えられることを示唆している（Webb et al., 2014）。

　教師の質問という発話の内容・方法・連鎖が生徒の数学の学習の仕方，ひいては他者との協働的な数学の学習の仕方と関連を持っていることが明らかである。教室での数学を学習する関係性の創造を明らかにするためには，教師の質問の発話を単独で捉え，頻出度を分析するだけでなく，どのような内容の質問をどのように続けているかという発話の連鎖まで着目する必要があることが導かれる。

　しかし，以上の一連の教室談話研究は，教室に生成された談話からその教師の特徴を浮かび上がらせるアプローチである。つまり，教師の談話の背景に存在する教室談話に対する教師の信念について焦点をあててはいない。教室談話はその教室でどのように数学を学習するかという社会数学的規範を反映し，その規範は教師の数学の学習観に導かれつつ生徒とともに創造される。Yackel, Cobb, Wood（1999）は，1年間の教室談話を追跡調査し，年度の終わりの教師のレポートを検討した。レポートでは，解答や解き方の間違いを明言することが数学を教えることであるという考えから，教室での生徒の応答をもとにして，生徒たちが数学に対する興味を持てるように支援することを心がけるべきとの考えに変化したことが報告されていた。教師が教室で生

徒と対話する過程で数学を教えることについて再概念化し，教室が教師にとっての学習の場であることを示している。

　教師は，日々教室で教えながら，同時に学び続ける。それは，教師の仕事には，「ある教師のある教室で有効だった理論が別の教師の別の教室で有効である保障はないし，ある文脈で有効だった理論が別の文脈でも適用するとは限らない（p.14）」という「不確実性」の特徴（佐藤，1997）が関係していると考えられる。教師や教室が変われば，そこで生じる出来事がなす意味は変わってくる。また同じ教室でも，時々刻々と状況が変わり，何を問題とすべきか，考えるべき対象は固定的なものではない。そのため，教師は教室の事例から学ぶ。

　Shulman（1996）は，事例とは所与のものとして存在するわけではなく，思いもよらなかった出来事として感じとることから始まると指摘する。そして，「これは何についての事例か？」と問うことから，一次経験が二次経験として抽象化され，他の経験との関連が探究され，原理が見出されることで実践と結びついた理論的な行為として定着するという。教師はこのように，教室で起こるあらゆる事柄から意図していなかったことや変化など，何に気づいたのかを振り返りながら，授業を実践する。

　生徒が対話によって支えられる授業づくりを探究した軌跡を省察したものとして，たとえば，牧田・秋田（2012）が挙げられる。『教える空間から学び合う場へ　数学教師の授業づくり』（2012）の中で牧田先生は，中学生の生徒が数学を学ぶ楽しみを感じ，3年間を通じて数学に親しみを持てるような授業へと大きな転換を図った経験を，具体的な授業のデザインとそれを実践した時の実際の生徒との展開を示しながら，数学教師によるカリキュラムづくりとしての意味づけを再構成する形で綴っている。ただ授業を紹介し，その利点とその方法を述べるのではなく，牧田先生が異動先の生徒の素直な感情表現を受け止めることによって，どのように内容を教えるかという思考で授業をしていたことに課題を感じ，どのような仕事に対してもなぜ，どう

してを問うようになって，生徒を数学の世界へ誘うような授業づくりをするようになったという，牧田先生にしか語れない物語として省察している。

この教師の語りからは，教師は教室の事実から授業中だけでなく授業後に省察することを通して授業づくりを転換させていることがわかる。教室談話は完成され固定化されたものではなく，教室での生徒の応答から授業観を柔軟に変更するという教師の省察から，生徒と教師の間で生成されるものである。しかしこれまで，教室談話の特徴や変容に対する教師の省察が体系的に十分に明らかにされた研究は少ない。1つの教室談話を追跡調査し，その教室で生成される参加構造と教師の省察を関連づけて検討した Yackel, Cobb, Wood（1999）の研究は示唆的であり，教室談話と教師の省察を関連づけることによって，その教室での参加構造がどのように生成されているかが浮かび上がる。教師の質問発話に焦点をあて，より体系的に検討する必要がある。

第5節　研究課題の整理

本研究における問いは，中学校数学科の特定の学級の中で，援助要請を起点とする相互作用プロセスはどのような特徴を持ち，状況の違いによってそのプロセスはどのように異なるのか，また依存的でない援助関係が創造された教室における教師の談話の特徴とその信念は何かである。これらの問いに基づき，第1節において，援助要請に関する研究の知見を整理し，課題として(1)数学の教科固有性が十分に検討されていないこと，(2)相互作用の枠組みが固定化されていること，(3)教師の役割が十分に検討されていないことの3点を指摘した。そして，本研究の理論的枠組みとして，援助要請を起点として援助の発話が連鎖するプロセスとして相互作用を捉えること，相互作用プロセスを授業中の状況に位置づけるために，学級全体での談話がグループでの談話の基盤にあたるとして教室談話を捉えることを述べた。

そして，第2節では数学の理解の側面に関する研究の知見から，次の2点

を指摘した。第1に，授業で探究される課題の認知的な側面に着目し，生徒に求められる認知プロセスの違いから課題を分類し，援助要請の行為の特徴を検討する必要があること，第2に，授業で数学を他者とどのように学習するかという社会的な側面に着目し，数学を学習するコミュニティとして授業を捉えることを述べた。

　この第2の点について，教室談話研究の知見から，第3節で検討を重ねた。第3節1項では，学級全体での談話の中から生徒の発話を取り上げて分析するのではなく，生徒個人に着目し，教室の中でいつどのように援助要請を行いながら学習を進めているかを検討することを述べた。そのためには，学級全体での談話記録からのみ検討するのではなく，発言していない間の聴くという行為もあわせて着目する必要があることを，第3節2項で指摘した。

　さらに，相互作用の固定的な枠組みを取り払い，ダイナミクスを捉えるための視点を検討した。第3節3項では，数学の問題解決プロセスにおける援助要請の行為や実際に生じた相互作用について，生徒の視点に立って自他の問題の解決の状況変化を微視的に捉える必要性を指摘した。第3節4項では，課題構造の違いによって援助要請を含む相互作用プロセスが変動するのか，変動するとしたらどのように変わるのかを検討する必要があることを述べた。第3節5項では，生徒の関係性の変動について，特定のグループに焦点をあてることで生徒の個人特性を考慮に入れ，1つのグループが異なる条件下に置かれたときの関係性の変動を検討することを述べた。

　そして，第5節では，教師の発話に焦点をあてた教室談話研究の知見から，特定の教室で数学を学習する関係性を明らかにするためには，教師の質問の発話に焦点をあてつつ，その際にはどのような内容の質問をどのように続けているかという発話の連鎖まで着目する必要があることを指摘した。また，教室談話の分析を教師の省察を関連づけることにより，その教室での数学を学習する関係性が創造された背景を体系的に明らかにできることも述べた。

　以上の点をふまえ，本研究では，中学校数学科の相互作用プロセスを生徒

の援助要請を起点として捉え，授業における状況に位置づけてその特徴を明らかにし，あらゆる生徒が対等な関係の協働的な学習を保障する学級の相互作用プロセスのメカニズムを検証することを目的とする。そのために，中学校数学科の教室において，生徒の援助要請を起点とした相互作用が生じるときに想定される授業の社会文化的状況を，Figure 1-2 に模式的に示した。援助要請の認知プロセスがこれまで検討されてきたが，ある1人の生徒の援助要請が実行に移されることで，求められた生徒もまた自他の状況を考え，何らかの応答をすることで相互作用が生まれる。生徒は教師によって支援され他の生徒とともに生成される教室の数学を学習する関係性の中で，学級全体での活動の時間や，グループでの活動の時間，個人で取り組む時間という様々な局面で，時間の経過や条件の相違に応じて，そのとき，その場所での行為をもって授業という時間を過ごしていると想定される。Figure 1-2 に基づきながら，具体的に研究課題を7点整理する。

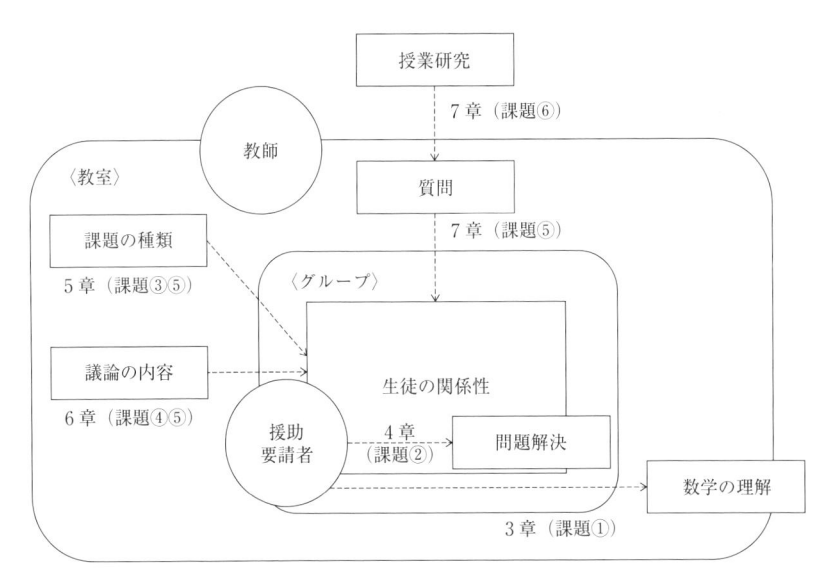

Figure 1-2　援助要請する生徒からみた教室における社会文化的状況

　第1は，数学の理解プロセスを生徒の援助要請と聴くという行為に着目して明らかにすることである（Figure 1-2の①）。援助要請に関する研究では，成績向上に結びつく援助要請の仕方が示されるものの（Webb, & Master-george, 2003），同一生徒の状況による変化はまだ捉えられていない。また，第3節2項で指摘したように，学級全体へ向けての発表をせずに談話記録として表れない生徒でも，よく聴くことで理解を深化させる（藤村・太田，2002；一柳，2009a；小田切，2013）。しかし，これまで聴くという行為は単独で検討されてきた。発言していない間の聴くという行為とグループ学習中の援助要請をあわせて検討することにより，授業の中でいつ何を援助要請するかという援助要請の生起状況から生徒の数学の理解プロセスを明らかにする必要がある。

　第2は，数学の問題解決プロセスについて生徒の視点に立ち，時間経過に伴った援助要請の行為や実際に生じた相互作用の特徴を微視的に捉えることである（Figure 1-2の②）。第1節で指摘した通り，援助要請の仕方を検討したWebbらの研究では，問題解決の一部だけが分析の対象とされ，援助要請は問題解決の進行状況の位置づけられてはいない。第3節3項で，Nod-dings（1985）が生徒が数学の問題にどのように出会い，また他者とどのように関わっているかを捉える必要性を指摘していることを述べた。援助要請者の理解状況とその要請対象者の理解状況，ならびに要請内容に着目して，問題解決の刻一刻と変わる局面に応じて相互作用の特徴を明らかにする必要がある。

　第3は，課題構造に応じた相互作用プロセスの変動を援助要請に着目して検討することである（Figure 1-2の③）。課題構造が異なれば，何が問題となっているか，何を尋ねたらよいかが変わり，それに伴い援助の仕方や内容も変わると考えられる。授業で提示される課題を，生徒にどのような思考プロセスを求める課題であるかによって分類し，それに応じた相互作用の特徴を明らかにする必要がある。

　第4に，数学の話題に応じた相互作用プロセスの変動の中で援助要請の果たす意味を検討することである（Figure 1-2の④）。課題構造に応じて相互作用に変動が生じた場合，その中でみられる援助要請もまた働きが変わると考えられる。第1節2項で指摘した通り，Webbらは援助要請について数学という教科の特質に基づく考察は行っていない。望ましい援助要請の仕方を明らかにした一方で，その数学的特質を十分に精査しているわけではない。自分のわからないという問題状況を打破すべく，他者からの精緻な援助を受ける契機となる行為が援助要請であるとするならば，話題となる教科や課題の特質は反映されると考えられる。数学の話題に応じて，援助要請の意味がどのように変わるかを検討する必要がある。

　第5に，条件の違いに応じた生徒間の関係性の変動を検討することである（Figure 1-2の⑤）。これまでの援助要請研究では，できている生徒に対するできていない生徒の援助要請場面を文脈から切り出すという点で，援助要請者と援助者の構図を固定的に検討してきたことが指摘できる。また第3節5項で，個人特性によるグループでの固定的な役割に加え，異なる条件下での役割の変動が生じる可能性を検討する必要性を指摘した。1つのグループを異なる条件下において相互作用の変動を援助要請者と援助者の関係性に注目して検討することが求められる。

　第6に，対話を中心としてあらゆる生徒が対等に学び合える関係性の教室の発話連鎖を，教師の質問発話に着目して明らかにすることである（Figure 1-2の⑥）。第4で指摘したように，教室での生徒の協働的な数学の学習は，教室の生徒への質問の内容・方法・つなげ方によって支えられていることが明らかであるものの（Webb et al., 2008; Webb et al., 2009; Webb et al., 2014），それが依存的でない援助関係の創造とどのように関連するかまでは明らかでない。グループで依存的でない援助関係が成立している教室の談話を対象とすることによって，教師の質問発話の特徴を捉え，援助要請によって学習が支えられる生徒にとっての教師の役割を検討する必要がある。

　第 7 に，教師の談話分析と教師の省察をあわせて行い，教室で数学を学習する際の関係性が既成のものでも固定的なものでもなく，生徒とともに創造されることを明らかにすることである（Figure 1-2 の⑦）。第 4 節で述べた通り，教室談話研究は教室に生成された談話からその教師の特徴を浮かび上がらせるが，教師のもつ授業観やその変容，談話に対する信念を明らかにしている研究は少ない。教師の数学の学習に対する信念がどのように談話に表れ，それが教室の発話連鎖としてどのように創造されているかを検討する。

　次章では，これら 7 点の研究課題を検討するために本研究で用いる方法，および本研究の構成を述べる。

第2章　本研究の方法と構成

　本章では，中学校数学科の援助要請を起点とした相互作用プロセスを授業における状況に位置づけて明らかにし，あらゆる生徒が対等な関係で協働的に学習する学級の相互作用プロセスのメカニズムを検証するという本研究の目的を達成するために実施した方法とデータの内容，および分析の枠組みについて説明する。そして，それに基づき，本研究の構成を述べる。

第1節　研究の方法

　本研究では，第1章第5節で整理した7つの研究課題を検討するために，1学級で2年に渡るフィールドワークを行い，分析手法として主に談話分析を採用した。データ収集で得られたデータの種類と，第1章第5節で挙げた研究課題，および第Ⅱ部以降の章との対応をFigure 2-1に示した。以下では，Figure 2-1に基づきながら，データの概要および手続きについて述べる。なお，本研究に登場する教師および生徒の名前はすべて仮名である。

1　授業観察

⑴　学級の概要

　国立大学附属中等教育学校において，宮野教諭（30代男性）が数学の授業および学級担任をつとめる1学級に協力を依頼し，2年間のフィールドワークを行った。同校は，2005年度に協働学習による学校づくり，授業づくりに取り組み始めた学校である。協力学級が1年生のときから，クラス替えをすることなく2年生に進級した2年間，授業観察を行った[4]。学級の人数は男女20名ずつの40名（2年目の9月以降は男子1名が転校したため39名）である。

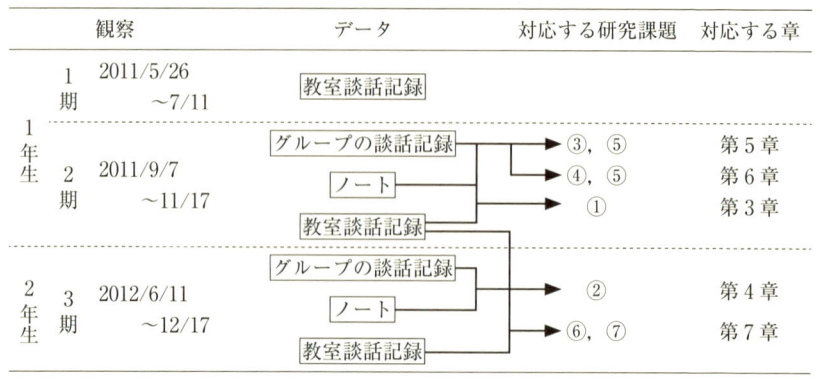

		観察	データ	対応する研究課題	対応する章
1年生	1期	2011/5/26 ～7/11	教室談話記録		
	2期	2011/9/7 ～11/17	グループの談話記録 / ノート / 教室談話記録	③, ⑤ / ④, ⑤ / ①	第5章 / 第6章 / 第3章
2年生	3期	2012/6/11 ～12/17	グループの談話記録 / ノート / 教室談話記録	② / ⑥, ⑦	第4章 / 第7章

研究課題

①数学の理解プロセスを生徒の援助要請と聴くという行為から明らかにする
②数学の問題解決の進行にそった援助要請の行為と相互作用の特徴を明らかにする
③課題構造に応じた相互作用の変動を援助要請の行為に着目して明らかにする
④数学の話題に応じた相互作用の変動の中での援助要請の意味を明らかにする
⑤条件の違いに応じた生徒間の関係性の変動を明らかにする
⑥援助要請が生起する教室の協働的な関係性を教師の質問発話に着目して明らかにする
⑦協働的な関係性の創造に対する教師の役割を教室談話と教師の省察から明らかにする

Figure 2-1　観察時期の区分とデータの分析の対応図

　宮野教諭は，公立中学校2校での勤務経験を経て，教職8年目に同校へ赴任し，授業観察を開始した当初，教職11年目を迎えていた。赴任前までは，「生徒にとって分かりやすい授業をしたい」[5]という授業観から，「説明のための教具作りに熱中」していたという。同校へ赴任するも，短期間では協働学習による授業スタイルを十分に理解できていないことを自身の探究すべき問いとして捉えた。そこで，宮野教諭は同僚へ協働学習に関する話を聞き続け，さらに大学院における授業の事例研究のゼミに聴講生として参加し始め

---

4)　協力校は各学年3学級で2年ごとにクラス替えがあり，それと同時に担任も変わる。
5)　本項における宮野教諭の授業観に関する語りは，宮野教諭が2014年に某ラウンドテーブルにおいて「授業の改革とその課題」というタイトルで発表した原稿を参照している。個人名の特定を防ぐため，引用文献への掲載はしないこととする。

た。これらの努力を通して，「分かりやすく教えたい」から「授業中，生徒にはじっくりとかんがえてほしい」に授業観が変わり，そのために授業スタイルは生徒が熟考できる題材を提示し，考える時間を多くとり，その後どのように考えたのかを話させるスタイルに，さらにはあらゆる生徒が考えられる形態としてグループが多く取り入れられるスタイルに変わったという。授業観が変わった時期が，本研究の授業観察の開始時期に多少重なっている。

　観察は主に 3 期に分かれている。第 1 期は協力学級が 1 年生であった2011年 5 月26日〜 7 月11日に週 2 日のペースで計 9 回，第 2 期は2011年 9 月 7 日〜11月17日に週 3 日のペースで計16回，第 3 期は 2 年生に進級した2012年 6 月11日〜12月17日に週 3 日のペースで計26回である。第 2 期以降は，期間中の長期休暇や試験期間，行事等を除き，ほぼすべての授業を連続して観察した。第 1 期において宮野教諭と協働学習および数学の学習についてそれぞれの立場から対話できた経験が，第 2 期以降の本調査の実施に踏み切る土台となった。

　宮野教諭の授業は上述した通り，学級全体で議論をする場面とグループで議論をする場面で構成されている。グループになる前に，個人で課題に取り組む時間や，座席が近い生徒と相談する時間が設けられることもある。グループ議論の所要時間やタイミングは，授業内容や進行状況に即して授業ごとにばらつきがあったが，第 2 期と第 3 期の計42回の協力学級における授業データでは，回数は 1 日の例外を除けば少なくとも授業中に 1 回はあり，平均で 2 回，最大で 8 回の日があった。授業開始時の机の配置は，Figure 2-2 に示す通りのコの字型である。机を教室前方に向けて整列させるのではなく，3 方向から教室の中心に向けて生徒がお互いの顔を見合えるようになっている。グループ構成は，男女 2 名ずつが互い違いに着席する 4 名である点以外は，無作為に決まる座席に従って組まれていた。つまり，学力差等に関する介入は一切なく組まれたグループであり，不定期に席替えが行われていた。

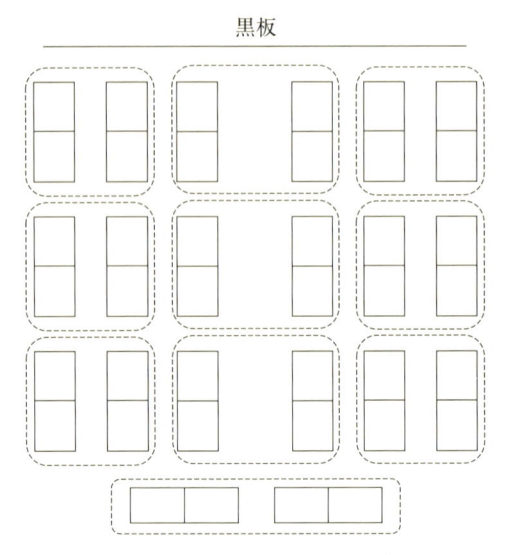

Figure 2-2　コの字型およびグループの机配置

(2)　授業の概要

　協力校において，観察したその 2 年に関しては 1，2 年生の数学の授業を教師 2 名で担当することとなっており，観察した授業はいずれも代数と解析の分野であった。観察した授業内容は主に，正負の数・文字と式・式と計算・一次方程式・一次不等式・一次関数・連立方程式であった。ただし，グラフの理解に関して一部では幾何の内容も扱われていた。

　第 2 期前半にあたる 1 年生の2011年 9 月 7 日～10月13日に実施された文字と式，式と計算のあわせて10時間では，1 ～ 5 時間目にかけて，規則性に則って並べたマッチ棒の総数や握手の総数を求める式を作るなど，ある事象を文字式に表し，式から事象をどう見ているかを読む活動を，一部で式の計算も含みながら繰り返した。6 ～10時間目には，$2ab + 2b$ が $ab + a + 2b$ と同じではないかという生徒の質問を契機として，$-\frac{x-2}{4} = \frac{-x-2}{4} = -\frac{x}{4} - \frac{1}{2}$ の異同判断や「$6x - 2$ から $-2x - 1$ をひけ」の課題が与えられるなど，文字式

の異同を確かめるために展開や計算によって式を変形する活動を加えたデザインであった。

　第 2 期後半に入って11月 7 日〜11月10日に実施された 3 時間の一次方程式の授業は，方程式だと生徒が思って挙げた式が本当に定義に照らして方程式であるかを確認するという導入で，方程式や方程式を解く意味に焦点があてられたデザインであった。 1 つずつ x に代入してみて等式を成り立たせる値を見つけるという方程式の定義に忠実な，しかし解がそれしかないことを証明できない不十分な解き方，等式の性質を用いて解を導く正しい解き方，そこから派生した移項を用いた効率的な解き方という，解法の意味の違いが丁寧に探究された[6]。

　引き続き11月14日〜11月17日に実施された 3 時間の一次不等式の授業は，方程式の際と対照的に不等式という言葉を一切提示せずに方程式の流れのまま文章題「 1 箱1350円のみかんがあります。予算が 1 万円のとき何箱まで買えますか。」を提示し，方程式を作っても解決することができないという認知的葛藤を引き起こす導入で始まった。不等式の意味や必要性を考えた後，$6x - 12 \geqq 8x + 1$ の解が $x \geqq -\dfrac{13}{2}$ 　$(x \geqq -6.5)$ でよいかを中心的な課題としていた。起こりがちな誤りをもとに，方程式を解くことと比較しながら不等式をどのように解くかを探究するというデザインであった[7]。

　第 3 期として 2 年生のときに観察した授業は，中高一貫カリキュラム探究の一環として高校の内容を見据えた方程式・関数・平面幾何の概念間の理解をねらい，グラフの見方を徹底させる授業づくりに挑戦した内容であった。2012年 6 月11日〜 9 月14日に実施された授業は，方程式① $2 - x = 3$，② $2x - y = 3$ の解を図示せよ，という問いから始まり，そのグラフは直線でいい

---

6)　時間数の少なさと，方程式の意味に特化したデザインは，観察前に教育実習期間があったことに由来する。実習生による方程式の解き方指導を中心とした授業が行われ，終了時期に生徒から出た方程式の意味に関する質問を引き継いだデザインとなっている。

7)　学校行事との関係で観察は 3 時間で終了したが，不等式の授業はその後も継続した。

のかを検証することを通して，変化の割合について理解を深め，一次関数として捉え，グラフの描き方や直線の式の求め方などを学ぶデザインであった。最後には，グラフの交点が取り上げられ，10月22日までの連立方程式の授業に発展し，加減法，代入法が確認された。その後，12月6日までは，一次関数のグラフについて，中点の座標や直線の式を求めるところから，重心，垂直二等分線，外心，図形の面積を二等分する線などが扱われ，図形的なアプローチと計算によるアプローチの両面の可能性が提示された。12月13日〜12月17日には，「① $3x+2>5$ を解け，②①の問題で $y=3x+2$ として①解が $x>1$ になることを図を用いて説明せよ」という課題から，一次不等式の解とグラフの関係が探究された。

　宮野教諭による当該学級での授業デザインは，生徒が数学のわからなさを積極的に共有する援助要請を起点とした相互作用の特徴を明らかにする目的に照らして適していると考えられた。宮野教諭の授業では，答えが出た，あるいは答えらしきものが見えた後に行う議論に授業のねらいが据えられ，なぜその計算をするのかを生徒が議論する様子が観察された。教室で数学を学習することの価値は，問題の答えを出すことだけではなく，生徒相互に観察，推論，検証する過程（Lampert, 1990）にあり，生徒の対話を通して学び合う授業であると考えられた。つまり，生徒が正答を発表して教師が評価する授業ではなく，何を問えばよいか生徒が教師と共に考える授業である。そして，席の近い生徒で相談する時間やグループの時間が頻繁にとられ，わからないことを他者と共有しやすい環境が整えられていた。中学校1，2年生であるのは，入学期，すなわち数学の学習が始まるときからこの授業デザインに生徒が慣れ親しみ，数学を学習することの意味自体を生徒はこの教室で学ぶと考えるためである。

(3) データ収集

　観察およびデータの収集は，研究の目的や調査概要と方法，個人情報の保

護に関する書類を通じ，協力校の校長，副校長，宮野教諭の許可を得て行った。

　本研究は，第 1 章第 1 節で述べた通り，学級全体での談話とグループでの談話，および個人の援助要請行為を分析の対象としている。そのため，全10グループにそれぞれ 1 つずつ IC レコーダーを配布し，授業中の生徒の音声をすべて記録する方法をとった。さらに，数学の理解プロセスを捉えるために，生徒全員のノートを宮野教諭が回収し，本人の許可が得られた生徒の分のノートを筆者がコピーし，保存した。しかし，生徒の机上への IC レコーダーの設置は，生徒にとって心理的負荷が高い方法である。そのため，本研究では以下の手続きを踏んだ。観察期ごとに目的および方法を述べる。

　協力学級が 1 年生であった第 1 期は，フィールドワーク予備期間に位置付けられ，ビデオ撮影およびフィールドノーツの作成を行った。ビデオカメラは，議論内容が学級全体で共有される場の 1 つである黒板が映るよう，教室左後方に設置した。授業中，筆者は教室内を自由に歩き，固定ビデオには映らない生徒のノートやグループ議論の様子も含めてフィールドノーツに書き記した。

　この期間の目的は，次の 2 点である。第 1 に，生徒に筆者が教室内で観察することに慣れてもらうことである。筆者は 2 年の観察の間，授業に対して直接介入を行うことは一切しなかった。開始当初は，筆者に向かって学習内容に関する質問をする生徒が見受けられた。しかし，観察者としての立場に徹するためヒントを与えるなどの質問への応答はせず，自分たちで話を進めるよう促す不自然でない会話にとどめた。また対照的に，観察されることに抵抗を感じ，筆者が近くに寄ると対話を止めてしまう生徒も観察当初は見られた。しかし，時間が経つにつれ，筆者が近づいても生徒は頼ろうとしたり，対話を止めたりすることはなくなり，普段通り学習する習慣が形成された。

　第 2 に，協力教師とのラポールが結果として形成された。授業後に，その日の授業について宮野教諭と話をする機会が度々あった。宮野教諭からは数

学の学習としてのその日の授業のねらいや背景，数学の授業観や学習観に値することが語られ，筆者はその日の授業で発見した具体的な生徒の学習の様子を話すことが多かった。その授業について実践者である宮野教諭と観察者である筆者が互いに双方の立場からみえるものを語り，みえにくいものを共有していたといえる。このような話をする機会は，頻度や時間に差はあったものの2年間確保し続けた。

　以上の予備期間を経て，第2期に16時間，ICレコーダーを10グループに対しそれぞれ1台ずつ配置する本調査を開始した。ICレコーダーは，筆者が生徒の机上に置くのではなく，授業開始時に宮野教諭がグループごとに代表者が1名取りに来るよう教卓まで呼び，出てきた生徒に1つずつ録音ボタンを押して手渡す形式をとった。ビデオカメラは，学級全体での議論の際は教室後方あるいは側方から撮影し，個人での取り組みやグループでの議論の際は教室内を自由に歩いて各グループの学習の様子がわかるよう撮影した。

　この期間は，特定の生徒の理解プロセスを援助要請と聴く行為から明らかにする課題①，課題構造の相違に応じた相互作用の変動を援助要請に着目して明らかにする課題③，数学の話題に応じた相互作用における援助要請の意味を明らかにする課題④，援助要請者と援助者という生徒間の関係性の変動を明らかにする課題⑤を検討するために，着目する生徒を絞って観察を行った。最終的に対象とする生徒およびグループを絞った経緯は後述するが，課題①を検討する第Ⅱ部第3章で着目する生徒の条件は，数学のわからなさを表出しながら単元の終了時に実施される試験を指標として質の高い理解を達成したとみられる生徒であること，学級全体では自身の説明を発言することはないが，グループで積極的に援助要請している生徒であることである。そして，課題③，④，⑤を検討する第Ⅲ部第5章，6章で着目するグループの条件は，援助要請を中心として学習を進める生徒が少なくとも1人はいること，4名が発言量の点で同等に議論に参加していることである。これらの条件をふまえ，第2期は，学級全体では発言しないものの，グループでは援助

を求めている生徒に特に着目して観察を行った。そして，第2期観察の終了
後に，宮野教諭に全生徒のノートを回収してもらい，そのうち課題①の検討
のために1名に絞られた生徒のノート，および課題③，④，⑤を検討するた
めに課題①で検討する生徒が席替えの前後で所属した2グループにいた生徒
の分のノートをコピーして保存した。

　ただし，着目する生徒を絞りながら観察を行ったにもかかわらず，IC レ
コーダーを全グループに置き，ビデオ撮影をグループ間で偏りのないように
行い，全員のノートを回収したように，全生徒を対象にデータ収集を行う形
式をとった。これは，見られることに対して生徒間に精神的重圧の差が生ま
れないよう配慮したためである。

　2年生の第3期には26時間，第2期と同様に IC レコーダーとビデオカメ
ラを用いてデータ収集を行った。この期間は，生徒の視点から数学の問題解
決プロセスにおける援助要請行為，および相互作用の特徴を検討する課題②，
援助要請が生起する教室の協働的な関係性を教師の質問発話に着目して明ら
かにする課題⑥，協働的な関係性の創造に対する教師の役割を教室談話と教
師の省察から明らかにする課題⑦のために，1つの単元に限定されることな
く多様な既有知識を用いることのできるデザインの授業データを収集するこ
とを目指し，また着目する生徒を絞ることなく観察を行った。観察終了時に
宮野教諭に回収してもらったノートは，同一課題に対する各グループでの問
題解決プロセスを検討するため，同意が得られた37名分のノートをコピーし
て保存した[8]。

8）　提出されたノートは，ノートの新調に伴い欠損があったり，授業中に作成したノートではな
　　く自宅でまとめ直したノートであったり統制を欠いたため，すべての授業の全員分のノートを
　　収集できたわけではない。本論文では，特に記載がない限り，まとめ直しではなく授業中に生
　　徒が書いたノートの記述を分析対象として用いている。

2　談話分析

(1)　談話記録の作成

　授業観察により収集した記録から，本研究では 2 種類の談話記録を作成した。第 1 に，ビデオ撮影のデータに基づいた学級全体での議論の教室談話記録である。第 2 に，IC レコーダーによる録音データに基づいたペアでの相談やグループでの議論の談話記録である。

　学級全体での談話記録は，課題①，課題⑥，⑦を検討するため，第 1 期の16時間分と第 2 期の26時間分の計42時間のすべてのビデオ記録から作成した。文字化の対象とした範囲は，教師が課題を提示した個人やグループでの取り組みの時間を除いた残りの部分すべてである。一部例外として，授業内容に関連のない話題が生じた箇所は対象外とした。発話の単位は話者交替とし，ただし同一人物の発話でも 5 秒の沈黙が挟まった場合は，別の発話としてカウントした。必要に応じて，板書や指さし，身体の向きなどの動作を〔　〕内に，省略や指示語などに対する内容の補足は（　）内に記した。

　一方，グループでの談話記録は，各研究課題に応じて選別して作成した。まず，課題①，課題③，④を検討するため，第 2 期の着目した生徒が席替えを挟んで所属した10時間分の 1 グループと 6 時間分の 1 グループの IC レコーダーとグループに所属する生徒のノートから作成した。原則として，教師からグループの開始と終了の合図がある間を文字化の対象としたが，個人の理解プロセスを検討する目的に照らし，学級全体での議論と並行してグループ内で対話が生じていた場合や，グループではなく個人の取り組みの時間にメンバーと相談する対話が生じていた場合は対象範囲に入れ，文字化した。

　また，課題②を検討するために，第 3 期のうちの 2 時間分のそれぞれ10グループの IC レコーダーと生徒のノートからグループでの談話記録を作成した。教師からグループの開始と終了の合図がある間を文字化の対象とした。2 時間の選別理由は第 4 章において詳述する。

　これらのグループの談話記録は，学級全体での談話記録と同様，発話の単位は話者交替とし，動作や内容の補足を同様の括弧を用いて表記した。ただし，書式の点で異なる部分が2点ある。1点目に，発話数を分析の観点の1つとするために，発話番号を研究課題に応じて通し番号で付し，発話番号，発話者，発話内容を並べて記す書式をとった。2点目に，たとえば2人×2人のように2ペアの対話が同時に生起していたケースを表現するため，発話者ごとに列を作成し，第一声が早かった順に番号をふって発言番号と発話内容をセットに，上から順に配置した。ただし，行の幅は必ずしも時間に比例するわけではない。

　以上の要領で，教室談話記録およびグループ談話記録を作成した。第3章において第2期16時間分の教室談話記録と着目する1名の生徒の属した2つのグループ談話記録を，第4章において第3期の2時間×10グループの談話記録を，第5章および第6章において第2期の後半6時間×1グループの談話記録を，そして第7章で42時間の教室談話記録のすべてを分析の対象とする。

(2)　分析の枠組み

　第1章第1節で述べたように，援助要請を他者との協働における積極的な情報処理を促進する概念（Webb, 2013）として捉える。そして，援助要請を起点とした相互作用を，生徒がわからなさを他者に積極的に開示することによって援助の応答が続く発話連鎖とする。これらの視点をもとに，談話を分析するための枠組みを Webb らの研究から検討する。

　Webb らの研究において，生徒間の対話の中で援助要請とみなされているのは「（自ら発言した場合も他者から手元を見て指摘された場合も含み）誤りがあるとき，援助を求めたとき，あるいは混乱したり何をすべきかわからなかったりすることを明確に宣言するとき（Webb, Troper, & Fall, 1995, p.410）」である。援助要請を起点として相互作用の特徴を検討する本研究では，援助要

請者本人に援助を求める意思があるかどうかにかかわらず，理解へ向かう対話（dialogue）となるための他者とのわからなさの共有を円滑にする機能を捉えられるよう，Webb らの概念を参照し，援助要請を次のように定義する。

すなわち，援助要請とは，他者からみて自らに援助の必要があることを表現することとする。たとえば，混乱したり何をすべきかわからなかったりすることを明確に宣言すること，援助を求めること，あるいは自ら発言するなどして誤りを表出することを指す。一部ノートの記述とあわせて捉えられるが，基本的に発話を対象とする。

要するに，要請者自身が明確な意図をもって援助を要請することは援助要請の中の含まれる1つの行為である。発言した本人同士が意図したか否かによらず，他者が援助を試みるという関係が成立した場合の起点となった発話は援助要請と捉えることとする。対して援助は，そのような生徒の援助の必要を表現した行為に誘発された行為として捉える。Webb らは，援助要請を起点としたわけではなく，漏れ聞いてできたことも援助として捉えていた。しかし本研究では，生徒の心理的負荷を考慮したことから，分析対象とするグループ議論の場面のすべてをビデオに収められているわけではなく，発話者以外の生徒の身体的動作を考察することができないため，援助要請に付随してなされた発話を援助とみなす。これらの分析の枠組みを整理したものがFigure 2-3 である。

ただし，援助要請および援助のそれぞれにおける質の違いを表す発話カテゴリーについては，課題の特性が影響すると考えられる。Webb, & Mastergeorge（2003）は，小数のかけ算の理解をねらった電話料金を題材とした問題解決のグループでの対話を分析するために，超過時間を求めるステップの分析に焦点を絞り，援助要請のカテゴリーを次のように設定している。「問題の解き方についての全体的な援助の要望（「それをどうするの？」）」，「混乱の宣言（「わからない。」）」，「特定の数（超過時間）の得方についての説明の要望（「29はどうやって出したの？」）」，「特定の数（超過時間）に関する情報の要

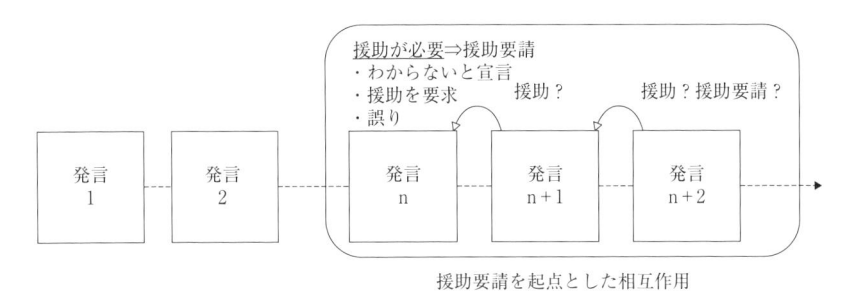

Figure 2-3　本研究における分析の枠組み

望（「13×29をしたってこと？」）」，「誤り（「13×30だ。」）」の5種類である。一方，援助については，援助要請者が実際に受けた援助と，漏れ聞いてできたことの2観点から捉えたうえで，カテゴリーは，低レベルとしてレベル0「応答なし」，レベル1「解法に関する情報なし」，レベル2「計算結果や答え」，レベル3「書き取るための数」，レベル4「数的表現や式」とし，高レベルについては数の得方，数の意味のいずれかの要素に言及した数によってレベル5から8までに設定している。

　このように Webb, & Mastergeorge（2003）の研究では，電話料金を求める小数のかけ算の課題に取り組む対話内容に固有の分析カテゴリーが定められていた。したがって，Webb らのカテゴリーをそのまま適用することはできない。Webb らのカテゴリーを参照しながら，研究課題に応じて個々に修正して設定し，分析を行う。

第2節　本論文の構成

　以下では，前節冒頭に示した Figure 2-1 に基づきながら，本研究における構成を述べる。本研究では，7点の研究課題について，5部構成，全8章で検討する。

　第 I 部「本研究の問題と目的」は，以下の 2 つの章からなる。

　第 1 章「数学の授業の相互作用プロセスに対する援助要請という視点」では，先行研究の検討に基づき，本研究の理論的枠組みと分析対象を明確にした。そして，本研究の問いを明らかにするための先行研究の課題を整理した。まず，研究の背景として，援助要請に関する研究が，質問紙調査を主な研究アプローチとした場合には援助要請を実行するまでの個人の認知が検討対象とされてきたことから，援助要請の行為の質を追究するためには，生徒の援助要請とそれによって生み出される相互作用の特徴を検討する必要があることを述べた。そして，援助要請が特定の学級のなかでいかに状況的に生起し，その相互作用プロセスの特徴や，状況の違いに応じた変化，あるいは教師がどのように支援することができるかという問いを探究するためには，数学の教科固有性が十分に検討されていないこと，相互作用が固定された枠組みで捉えられていること，教師の役割が十分に検討されていないことの 3 点の課題があることを指摘した。そこで，数学のわからなさを積極的に他者に開示することによって他者からの応答を引きだすと考え，援助要請を起点として援助がつづく発話の連鎖として相互作用を捉え，本研究の理論的枠組みとした。そして，援助要請と，それによって生起した相互作用を中学校数学科の授業における社会的状況に位置づけて捉えるための視点を，数学の理解の側面に関する研究と教室談話研究の知見から検討し，本研究の課題を整理した。

　第 2 章「本研究の方法と構成」では，第 1 章で整理した研究課題を検討するための方法として，授業観察を行ったことを述べ，データの概要と手続きを説明した。また，談話分析するための枠組みを整理した。

　第 II 部「生徒個人からみた学習の変容プロセス」では，生徒個人に焦点をあて，時間経過に伴うプロセスを検討した以下の 2 章からなる。

　第 3 章「聴き方と援助要請の仕方に着目した生徒個人の文字式理解プロセス」では，研究課題①数学の理解プロセスを生徒の援助要請と聴くという行為から明らかにするために，第 2 期の授業観察に基づき，学級全体では発言

しないがグループではわからなさを表出していた生徒の行為と理解状況を質的な記述解釈によって分析した。Sfard（1991）の数学的概念の二面性を参照して方程式・不等式の単元における理解を操作的に定義し，それが達成されるまでの理解プロセスを，生徒が次々と抱える困難に対処する際の行為，学級全体での議論を聴くこととグループにおいて援助要請することそれぞれの行為の特徴と関係を検討した。

　第 4 章「援助要請の対象と内容に着目したグループでの問題解決プロセス」では，研究課題②数学の問題解決の進行にそった援助要請と相互作用の特徴を明らかにするために，第 3 期に行った授業の観察記録の中から， 2 授業でのべ20グループが取り組んだ 2 種類の問題解決プロセスを対象にその特徴を検討した。その際，援助を要請された対象者の理解状態，および要請内容について状況をふまえて発話から判断し，どのような相手にどのような内容を尋ねることによって生じた相互作用であるかを問題解決の進行における相対的段階に位置づけて整理した。そして，それぞれの相対的段階に応じて，援助要請の行為の特徴を検討した。

　第Ⅲ部「課題の違いに応じたグループにおける相互作用の変動」では，課題構造やそれに伴う話題の相違に応じて変動する相互作用のプロセスを検討した以下の 2 章からなる。

　第 5 章「課題の目的の違いに応じたグループでの生徒の援助関係の変動」では，研究課題③課題構造に応じた相互作用の変動を援助要請の行為に着目して明らかにすることと，研究課題⑤条件の違いに応じた生徒間の関係性の変動を明らかにすることを達成するために，第 2 期の授業観察の後半における 1 つのグループの談話記録を対象に，援助要請を起点とした相互作用における生徒間の関係性を分析した。授業で提示された課題を，その課題が生徒に求める思考プロセスの違いから 2 つに分類し，その相違によって，グループでの議論内容がどのように変わるか，生徒ごとの援助要請と援助のバランスや形式がどのように変わるかを量的に分析した。

　第6章「議論内容の違いに応じたグループにおける援助要請の意味」では，研究課題④数学の話題に応じた相互作用の変動の中での援助要請の意味を明らかにすること，研究課題⑤条件の違いに応じた生徒間の関係性の変動を明らかにすることを達成するために，第5章で得られた議論内容ごとに，相互作用における発話の連鎖を質的に分析した。その際，精緻な援助がなされた場合とそうでない場合とを比較検討し，援助要請の意味について検討した。

　第Ⅳ部「生徒の協働的な相互作用を支える教師の役割」は，第Ⅱ部，第Ⅲ部で検討したような相互作用を生成させる教室での数学を学習する関係性を生み出す教師の談話を検討した第7章からなる。

　第7章「生徒間の協働を支える教師の質問発話とその省察」では，研究課題⑥援助要請が生起する教室の協働的な関係性を教師の質問発話に着目して明らかにすること，研究課題⑦協働的な関係性の創造に対する教師の役割を教室談話と教師の省察から明らかにすることを達成するために，まず，協力学級が1年生から2年生に進級する第2期から3期にかけての教室談話の特徴と変化を，生徒の参加と学習の機会を与えたり制限したりする教師の質問に着目して量的かつ質的に分析した。さらに，その談話分析による結果を授業者である協力教師にフィードバックし，その結果から授業当時の省察を記述してもらった。その省察記述と談話分析による結果から，教室の協働的な関係性が教室談話に反映されるとしてその創造における教師の役割を検討した。

　最後の第Ⅴ部「結論と残された課題」は，第8章「数学の授業における援助要請に着目した相互作用プロセス」からなる。この章では，第3章から第7章までの内容をまとめ，中学校数学科の授業における援助要請を起点とした相互作用の特徴について総括的な考察を行い，本研究の意義と残された課題について述べた。

第Ⅱ部

生徒個人からみた学習の変容プロセス

第3章　聴き方と援助要請の仕方に着目した生徒個人の文字式理解プロセス

第1節　本章の目的

　本章の目的は，文字式の理解プロセスを生徒の援助要請と聴くという行為に着目して明らかにすることである。

　第1章第1節で述べた通り，成績向上に結びついた援助要請の仕方が，「混乱を認めて告白したうえで具体的な説明を求めること」，「納得するまでパターンを修正しつつ諦めずに援助要請を続けること」，そして「受けた説明を適用すること」であったことが明らかになっている（Webb, & Master-george, 2003）。しかし，複数のグループにおける援助場面の分析であり，特定の生徒への着目はなされておらず，問題解決プロセスの一部を切り取った分析であった。したがって，特定の生徒が単元単位の時間軸で授業の流れの中で数学の理解を進める際にどのように効果的に援助要請を行っているかは，まだ明らかにはされていない。

　数学の理解に関して，第1章第2節で論じた通り，数学的概念は「操作的（operational）概念」と「構造的（structural）概念」という二面性を持ち合わせている（Sfard, 1991）。その二面性から文字式の理解を捉えると，$ax+b$ のような式を ax に b を足すという演算命令として操作的に，かつ $ax+b$ で1つの値であると演算結果として構造的に捉えることとなる。このように捉えると，値がすべて整数値で明らかになっている場合には困難は生じにくいが，$ax+b=cx+d$ のように右辺にも文字の項が入った方程式となると，演算命令としてのみ捉えようとすると困難に直面することが指摘されている（Kieran, 1981)。このような数学的概念を二面性の両面で捉えようとする生徒の理解プロセスは，生徒個人の実際の授業場面における援助要請の視点からは検討されてきていない。

　質問紙調査ではなく援助要請行為を授業場面で検討してきたこれまでの研究は，グループ学習場面が対象である。しかし，授業はグループ学習場面だけで構成されているわけではなく，学級全体で進行する場面がある。本章で対象とする授業では，学級全体での議論の時間とグループでの議論の時間がある。授業中に1人では解決できない困難に直面したときにグループにおいて援助要請を行う生徒が，グループ以外の時間にどのように授業時間を過ごし，理解へ結びつけているのかを合わせて検討する必要がある。

　一方，学級全体での談話における生徒の過ごし方について，第1章第3節で指摘した通り，発言をせずに教室談話に表れない生徒でも，解法について自分の理解と関連づけながらよく聴くことで理解を深化させることが明らかになっている（藤村・太田，2002：小田切，2013）。小学校国語科・社会科の授業では，能動的な聴き方は，直後再生課題において，誰が何を発表したか，自分の言葉で言い換えているか，要約しているかという3点が指標として捉えられている（一柳，2009a）。しかし，聴くという行為も学級全体での話し合い場面における行為が検討の対象とされ，グループ場面などの他の学習場面とあわせて検討されてきてはいない。1人で解決できない困難に直面した際に生徒がとる行為として，援助要請と聴く行為をあわせて着目することによって，いつどのように他者と関わりながら数学の理解を進めているかを検討することができる。

　そこで本章では，中学校1年生の文字式の授業を対象に，学級全体では発言しないがグループではわからなさを表出する1名の生徒に焦点をあて，理解の困難な状況になったときの生徒の行為に着目して理解プロセスを検討する。

第2節　方法

1　分析対象授業

　本章では，協力学級が1年生であった第2期9月7日〜11月17日に実施された文字と式10時間，一次方程式3時間，一次不等式3時間の全16時間の授業の記録を分析対象とする。分析に用いるデータの種類は，ビデオに基づく教室談話記録，ICレコーダーに基づくグループ談話記録，および生徒のノートとする。

2　分析の枠組み

⑴　理解の指標

　本研究の対象授業における理解の指標として，分析対象としたうちの後半，方程式・不等式6時間の授業内容の理解を確認する定期試験の結果を参照する。この試験は宮野教諭が作成し，観察期間直後に実施されたものである。試験問題は，方程式・不等式を解かせる大問2つと，授業で話題となった内容を理解できたかを確認する大問4つで構成されていた。学年の3学級の平均点は70.9点で，各問に対する学年の正答率が算出された。協力学級では平均点70点で，満点をとった生徒が1人いた。

　Table 3-1に示す試験問題のうち，斜体で表したのは学年の正答率が60％に満たなかった問題である。中でも，本章ではSfard（1991）による操作的／構造的見方の両面による理解が求められる問題例として，問3の②，問5の③と⑦を参照する。問3の②は，移項の考え方を用いない方程式の解法プロセスを書く問題である。両辺から2をひくという等式の性質に忠実に従った途中の式変形を書けば正答であるが，値をいくつか代入してみて成り立ったものを解とするという解法を書く誤答が目立った[9]。その誤答は「1に2

Table 3-1　方程式と不等式を範囲とした定期テストの問題と各問の正答率

問題	正答率
1．次の方程式を解きなさい。（8問，略）	略
2．次の不等式を解きなさい。（8問，略）	略
3．方程式 $x+2=3$ を次の2通りの方法で解きなさい。なお，解き方がわかるような途中式を書くこと。 ①移項の考え方を用いて解きなさい。 ②移項の考え方を用いずに解きなさい。	 ①78% ②35%
4．教科書には「式のなかの文字に代入する値によって，(1)成り立ったり，(2)成り立たなかったりする等式を方程式という」と書かれています。この方程式の意味にそって，等式 $3x+1=x-1$ が方程式かを，次の①〜④の手順で確かめなさい。さらに⑤に答えなさい。 ①(1)に「成り立ったり」と書かれている。この場合の「成り立つ」とはどのようなことか説明しなさい。 ②等式 $3x+1=x-1$ が(1)の条件にあてはまることを示しなさい。 ③等式 $3x+1=x-1$ が(2)の条件にあてはまることを示しなさい。 ④②と③より，等式 $3x+1=x-1$ は方程式と言えますか。 ⑤等式ではあるが，方程式でない式を1つ答えなさい。ただし，文字を含んだ等式を答えること。	 ①73% ②4% ③10% ④92% ⑤76%
5．次は，不等式 $x+2 \leqq 4x-4$ を解く過程を表したものです。①〜④の空欄にあてはまる不等号を書き入れなさい。また，⑤〜⑦の空欄には，それぞれどのような式変形をしたのかを言葉で書き入れなさい。 $x+2 \leqq 4x-4$　　⑤ $x-4x$ ① 　 $-4-2$　両辺をそれぞれ計算した。 $-3x$ ② 　 -6　⑥ $\dfrac{-3x}{-3}$ 　 $\dfrac{-6}{-3}$　⑦ x ④ 　 2	①96% ②95% ③60% ④92% ⑤98% ⑥91% ⑦59%
6．次は，等式の性質を表したものです。これについて，次の問に答えなさい。 (※) $A=B$ のとき，(1) $A+C=B+C$，(2) $A-C=B-C$，(3) $AC=BC$，(4) $\dfrac{A}{C}=\dfrac{B}{C}$ ①等式の性質の(1)〜(4)の中で，条件が必要なものがあります。(1)〜(4)の中から1つ選び答えなさい。さらに，その条件を答えなさい。 ②①で答えた条件がなぜ必要なのか。その理由を簡潔に説明しなさい。 ③等式の性質の $A=B$（※の式）を $A<B$ に変更した場合，等式の性質の(1)の式をどのような式に変えればよいですか。その式を答えなさい。 ④等式の性質の $A=B$（※の式）を $A<B$ に変更した場合，等式の性質の(3)の式をどのような式に変えればよいですか。次の空欄に適切な記号を書き入れなさい。 　$C>0$ のとき，$AC \square BC$ 　$C=0$ のとき，$AC \square BC$ 　$C<0$ のとき，$AC \square BC$	 ①71% ②45% ③85% ④85% 76% 76%

を足せば3になる」という見方をしているものの，正答に必要な，方程式の式変形過程が等号で結ばないが暗黙に同値を示しており，他に解がないことを示せるという点で1つずつ値を代入することとは質的な意味が異なるという理解が不足しているといえる。

　問5の③と⑦は，不等式の解法プロセスにおいて，不等号の向きが変わる条件を見極める問題である。授業中には，負の数で乗除する場合に不等号の向きが変わることを丁寧に議論したが，板書されたのは試験問題でいえば，$-3x \leq -6$，$x \geq 2$ の2行に値する式変形のみで，$\frac{-3x}{-3} \geq \frac{-6}{-3}$ に値する1行は板書されなかった。要するに，不等号の向きを逆転させるという操作と，$\frac{-3x}{-3}$ や $\frac{-6}{-3}$ という式が負の数で割る手続きであるという見方とを統合させなければ，誤答する可能性がある。以上に代表される問題に正答できることを本研究では理解の達成とする。

(2)　分析対象

　学級全体での議論場面において非発言者である生徒が，他者の考えにいかに触れながら理解を進めるかを明らかにすることが本章の目的である。その目的に照らし，分析対象の条件は第1に困難を抱えながら理解を達成した生徒であること，第2に学級全体での議論場面では非発言者であるものの，他者の話を聴いたり援助要請したりする能動的な態度を示す生徒であることである。

　観察中に着目した8名の中で，この2条件を満たした真帆（以下，生徒名はすべて仮名とする）を分析の対象とする。真帆は，数学の学力は決して高くないと宮野教諭が認識していたのに，先述の方程式・不等式の試験で満点をとった生徒である。また，協力学級には学級全体での議論場面の自発的な発言が期間中に1回以上あった生徒が18名，指名を受けて発言した生徒がさら

9）　データ収集はせずに授業観察のみ行った試験後の授業における教諭の発話による。

Table 3-2　文字と式の授業10時間における対象グループでの
各生徒の発話数（比率%）

	将人	杏奈	譲	真帆	計
発話数	30　(2.7)	383　(33.9)	397　(35.2)	319　(28.3)	1129　(100)

※欠席者がいた授業やIC レコーダーで全員分は拾えない個人作業時間を除く

Table 3-3　方程式・不等式の授業 6 時間における対象グループでの
各生徒の発話数（比率%）

	隆之	由佳	譲	真帆	計
発話数	148　(20.4)	144　(19.9)	257　(35.4)	176　(24.3)	725　(100)

※欠席者がいた授業やIC レコーダーで全員分は拾えない個人作業時間を除く

に 6 名いた中，真帆の学級全体での発言回数は 0 回であった。しかし Table 3-2，3-3 に示す通り，席替え前後のいずれのグループでも 4 分の 1 前後の発話数を真帆が占め，真帆が学級全体での議論の時間に発言できなくても，グループになると発言することが明らかである。グループ場面を観察中には真帆の「わからない」という発言がよく聞かれた。また，真帆のノートの取り方には，板書通りではなく発言者の名前付きで議論内容を記録し，自分の思考をそのままノートに書き，考えに行き詰っても消さずに場所を改めて書いたり，上書きしたりする習慣があった。以上より，真帆を分析のしやすさから代表として分析の対象とした。

(3)　事例の抽出

　各グループに配置した IC レコーダーによる音声から作成したグループ談話記録，および真帆のノートをもとに事例の抽出を行った。談話記録では，全16時間の授業を通じた発話の通し番号を付した。以下の考察では，Table 内に記載していない発話も必要に応じて引用する。

　事例の抽出は以下の手順で筆者が行った。まず，方程式・不等式の学習に

入る前の真帆の文字式の操作的／構造的見方の状態を明らかにするために，文字と式の授業記録から文字式の異同判断課題を選択した。その課題に取り組む真帆の理解状況がわかる発話とノートを事例として1つ抽出した。

　次に，上述したように試験問題を参照し，方程式の解法の違い（なぜ移項という考え方があるか）と不等式の解法の性質（なぜ負の数で乗除すると不等号の向きが変わるのか）の2点の話題を取り上げるため，方程式・不等式の授業記録の中からそれらの話題の箇所として，各3時間続きの授業から該当箇所を抜粋した。その時間の記録を，学級全体での議論かグループでの議論かという学習の活動形態の切り替えを単位として分節化し，学級全体で共有される授業内容と，その際の真帆の理解状態と行為を整理した。そのプロセスにおける初期と後期の聴く行為や援助要請行為がわかる発話やノートを事例として2つずつ抽出した。作成した図は，Figure 3-1，3-2として結果と考察の中で示す。

第3節　結果と考察

　上述の通り，文字式の異同判断に関する【事例1】，方程式の解法の違いに関する【事例2】，【事例3】，不等式の解法の性質に関する【事例4】，【事例5】の5つの事例を得た。以下では，【事例1】については真帆の理解状態を，それ以降の各場面については真帆の学習状況とそのときの真帆の聴き方・援助要請の仕方という困難への対処行為の特徴を，多面的な記述により質的に分析および考察する。

　なお，場面を単位として事例を抽出したため，1つの事例に分析対象として談話記録とノートの両方が含まれる場合がある。各分析は，理解の状態とそのときの行為を示すという点で対応関係にある。そのため，事例番号を変えず，しかし談話記録とノートのどちらに着目した分析・考察かを区別するため，以下では便宜的に同事例において後出する事例番号にダッシュ（′）

を付けて表記する。

1　文字式の異同判断における理解の困難

　Table 3-4 に示す【事例1】は，9月29日に実施された文字と式の7時間目の授業において，①2ab＋2b と③ab＋a＋2b の異同を判断し，そう判断する理由をグループで考えていたときの対話の抜粋である。1回前の授業でたて a 本，よこ b 本に並べた棒の本数を求める式を生徒5人が挙げ，番号をつけた。出揃った式が正しいか判断するためという目的で，この学級では初めて式を展開した。①と③の2種類が残され，③は正しくないと結論が出た授業後，ある生徒が①と③は同じではないかと質問したのが課題のきっかけである。

　杏奈は反例をあげて①と③は同じではない，譲は式の構造上同じではないと早々に宣言していた。真帆は，＋2b が等しいことをふまえて 2ab と ab＋a に着目した後，それらが同じであると考えた (1112)。譲が同じでない可能性も示唆して論点を助言したところ (1115)，真帆は代入して反例をあげることに気づいた (1116)。ただし，次に杏奈が真帆に提示した反例は誤りを含んでいた。杏奈はノートに，a＝2，b＝3の場合に 2×2×3 と 2×3＋2 を 2×2＝2＋2 だから等しく，a＝3，b＝4の場合に 3×3×4 と 3×4＋3 が 3×3≠3＋3 だから等しくないと記していた。本来，すべて計算していれば値が異なっていずれの場合も等しくならないことがわかる。異同判断という課題からして，反例を挙げるという発想自体は正しかったが，その過程に間違いがあった。そして，その杏奈の説明 (1117) を受けても，真帆は「あ，そっか。」「2だけなんだ。」と言い (1119，1121)，反論する発話はみられなかった。この点から，真帆はこのとき，2ab と ab＋a をそれぞれ1つの値という結果としてみる構造的な理解をしていなかったことが推察される。

　そして真帆は，「え，わかるよ。違うじゃん。」と発話しておきながら (1126)，やはり式変形すると同じになると考え，困惑している (1128)。その

Table 3-4　文字と式の見方に関する理解の困難状況

将人	杏奈	譲	真帆
		【事例1】①2ab＋2b と③ ab＋a＋2b は同じか違うか判断し，理由を考える課題のグループ議論	
			1112. ちょっと待った。なんで2ab は ab＋a なの？
		1113. これを考えてみてるわけよ。	
		1115. いや，違う。こいつは同じだからこれイコールこれ，だからこれはね，この2つが違うかどうかってことを今議論してるわけじゃない？	1114. これはさ，これでこうなの？
1117. そう！あてはめてみたの。そしたらね，ここを2とするの。そうすると2＋2は2×2と同じじゃん，答えは。だからその時は成り立つんだけど3にしたら3＋3は3×3と答え違うじゃん。9と6じゃん。だから駄目なんだよね。			1116. じゃあこれあてはめてみたらいいじゃん。a と b。
1120. 2だったら。		1118. まず答えが変わるんだよね。	1119. あ，そっか。
		1122. あのさ，こっちがかけ算になってるじゃん。でしょ？つまりこれは a と b をかけたものに a を足すから2a にはならない。	1121. 2だけなんだ。
1125. ねえ，真帆ちゃんは何がわからないの？		1124. うん，入る。	1123. でも最終的にはここの間にさ×，こっちも×入る。
		1127. だから2×a×b で，んー，もういいや，このまま，そうだね，a×b に足すの。これってどこを先に計算するかっていうと，ここから先にしてこれはこのまんま，順番どうでもいいじゃん，かけ算だから。	1126. え，わかるよ。違うじゃん。
			1128. わかるけどさ，じゃあなんで分解すると同じ式になるの？
		1129. ん？同じ式ではない。	1130. なる。
		1131. 同じ式に？どこが同じに？	1132. これとこれが同じで，こことここが2a になって。ここに問題があるってこと？
		1133. えっと，かけられる数と足す数をかけちゃいけない。	

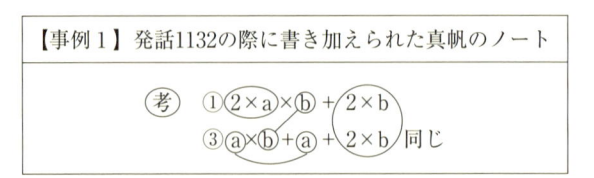

Figure 3-1　文字と式の授業 7 時間目の理解状態

ときの真帆のノート（Figure 3-1）に注目する。1132の発話は，このノートの通りに丸をつけながらなされたものである[10]。「これとこれが同じで」というのは，bが一致していることを示しており，「こことここが 2a になって」というのは，2×a×b の前 2 つの部分と a×b＋a の×b を無視した部分とが 2a となると考えていることを示す。要するに，アルファベットとしての文字 a，b がそれぞれ何個ずつあるかという独自の見方をしている。

　このように真帆は，牧野（1997）が指摘したように，2ab と ab＋a という演算記号が残ったままの文字式をそれぞれ独立した 1 つの値として構造的に見ることにつまずきを抱え，なおかつ杏奈とともに整数値を代入しても正しく演算を実行できず，文字式の二面性のいずれに対しても困難を抱えていたことがうかがえる。

2　方程式の解法の違いに関する理解プロセス

⑴　学習状況

　方程式の解法の違いに関する授業展開，および真帆の理解プロセスの時系列に沿った関係図を Figure 3-2 に示す。授業ではまず，等式を成り立たせる値を解と呼ぶことから，方程式の解き方として 1 つ 1 つ代入してみて成り立つ値を探すことが基本的には導き出されることが確認された。そして，解を探すことの負荷を軽減する目的で洗練された解き方を模索する必要性が生

---

10)　当該授業のビデオ記録より。

	授業展開		真帆の理解プロセス	
	形態	内容	理解状態	行為
方程式2時間目	学級全体	成り立つ値を代入して見つける解法と等式の性質を利用した解法の比較 【事例2】	解がその値だけだと示せるか否かの違いだと，聴いて書く	聴く
	グループ	等式の性質を利用して $2x=6$, $6=3x+9$ を解く	$6=3x+9$ について，$0=3x+3$ までの変形で手が止まり，援助要請	援助要請
	学級全体	$2x=6$, $6=3x+9$ の解答確認	解答をほぼ板書通り，書く	聴く
	グループ	$-1=x$ から $x=-1$ への変形を等式の性質に基づいて示す	$-x=1$ まで確認しながら自分で変形するが，そこで困って援助要請	援助要請
3時間目	学級全体	移項を用いた解法 移項すると符号が変わる理由	項に分けて括弧をつけて考えるとわかりやすい，と書きとる	聴く
	個人	移項を用いて $-2x-5=11$ を解く	隣の隆之の解答を見て，移項して符号を変えたことに疑問を露呈 自身は $(-2x)+(+5)$ ママ $+(+5)=11+(+5)$ と書き，援助要請	援助要請
	学級全体	$-2x-5=11$ の解答確認 【事例3】	隆之に確認し，移項すると符号が逆になる，と書き加える	聴く 援助要請
	グループ	教科書の問題で演習	右辺の文字の項の移項，2個同時の移項，-1 の乗除等，援助要請	援助要請

Figure 3-2　方程式の解法の違いに関わる授業展開と真帆の理解プロセス

じ，等式の性質を利用した解法が $2x=6$ を例に確認された。さらに，代入の場合と等式の性質を利用する場合とで，負荷以外に質的な違いがあることが問われて議論が進行した。

　Figure 3-3 の左の【事例2】はこの議論内容が反映されたノートであり，このとき真帆は聴く行為をとっていたことがうかがえる。この内容は先述した通り，後の試験においても，多くの生徒が理解できていなかったことが明

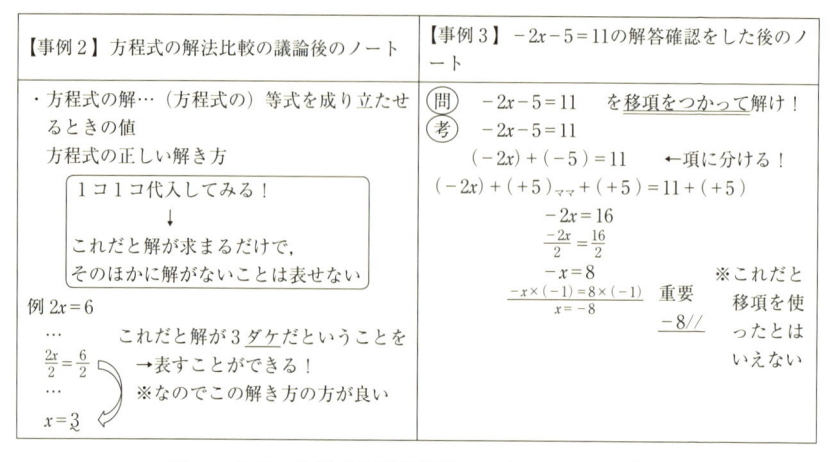

【事例2】方程式の解法比較の議論後のノート	【事例3】 $-2x-5=11$ の解答確認をした後のノート
・方程式の解…（方程式の）等式を成り立たせるときの値 　方程式の正しい解き方 　┌──────────────┐ 　│1コ1コ代入してみる！ 　│　　　↓ 　│これだと解が求まるだけで, 　│そのほかに解がないことは表せない 　└──────────────┘ 例 $2x=6$ 　…　　　これだと解が3ダケだということを 　$\frac{2x}{2}=\frac{6}{2}$ →表すことができる！ 　…　　　※なのでこの解き方の方が良い 　$x=3$	問　$-2x-5=11$　　を移項をつかって解け！ 考　$-2x-5=11$ 　　$(-2x)+(-5)=11$　←項に分ける！ 　$(-2x)+(+5)$ ママ $+(+5)=11+(+5)$ 　　　　　$-2x=16$ 　　　　　$\frac{-2x}{2}=\frac{16}{2}$ 　　　　　$-x=8$ 　　$\frac{-x×(-1)=8×(-1)}{x=-8}$ 重要 $-8//$　　※これだと移項を使ったとはいえない

Figure 3-3　方程式の授業を聴いて書いたノート事例

らかな箇所（Table 3-1の問3.　②）である。真帆は正答したため，誤答した生徒の理解に比べて，方程式を解く意味の構造的な理解が促されていたと考えることができる。

　その後，授業は等式の性質を用いて正しく解くことが目指され，グループでの学習を挟みながら展開し，真帆は解法手続きに困難を抱えつつ，他者に援助要請することで学習を進めていた。

　次の授業で移項の考え方が確認された。学級全体での議論では，移項すると符号が変わる理由を考えるためにあえて項を強調して $x+6=10$ が $x+(+6)=10$ と記され，$x+(+6)+(-6)=10+(-6)$ を経て $x=10-6$ とされた。項を明示化すると絶対値が同じで符号の異なる数を足したと見ることができ，打ち消すために移項すると符号が変わる点を説明する意図で議論が進行していた。ところが真帆は話の構造をつかむことができず，$-2x-5=11$ を移項を使って解く課題に対し移項を使って解けなかった。

　その理解状態は，Figure 3-3右の【事例3】からうかがえる。真帆は途中式として，$(-2x)+(+5)$ ママ $+(+5)=11+(+5)$ とノートに記述してお

Table 3-5　方程式の授業での援助要請事例

【事例 3′】　$-2x-5=11$ を移項をつかって解く課題の個人作業	
隆之	真帆
	1877.　<u>ねえねえ，これ何の間の式もなく，いきなり +5 を右においていいの？</u>
1878.　移項。	
1880.　先生さっき，移項してやれって言ってたじゃん。	1879.　いいんだ。
	1881.　あ，そっか。

り，談話記録によれば，隣の席の隆之に対して，「これをまず括弧にして項に分ければいいんでしょ？」(1863) と発言していた。その時点では，宮野教諭の話が始まったために返事は保留されたが，すぐ後に黒板で解答が確認されると，Table 3-5 の【事例 3′】に示す通り，隆之に確認をし (1877)，移項のイメージを改めたことがうかがえる。逆にいえば，ノートの「これだと移項を使ったとはいえない」の記述は後で加筆されたものであるため，真帆は括弧を用いて式を書き直し，その上で両辺から足したり引いたりすることが移項であると誤解し，議論を聴き 1 人で正しく理解することに失敗していたと捉えられる。

(2)　聴き方の特徴

　次に，上記プロセスにおける真帆の聴き方を【事例 2】からより詳しく検討する。ノートの記述の中で，板書されたのは例の式変形のみであり，その他は真帆が宮野教諭や他の生徒の発言を聴いて書いたものであった。真帆が板書の模写だけをしていたのではないことがわかる。またこの内容は，教諭を中心に，特定できるだけで 9 人の生徒が発言によって参加した議論を反映したものであった。1 人 1 人の発言を抜き書きしたわけではなかった。「これだと」という言葉に着目すると，代入による解法とその欠点，それに対して等式の性質に基づく解法とその利点というように，教諭と複数生徒の発言から真帆が内容を再構成していることがうかがえる。

(3)　援助要請の仕方の特徴

　ただし，聴き方が能動的であっても必ずしも正しく理解がすすむわけではないことが，上述の移項に対する誤解からわかる。真帆が自分の誤解に気づいたのは，個人作業の時間を終え，学級全体での議論のなかで途中式が確認されたときであった。【事例3′】において，真帆は隆之に＋5を右辺に移してもよいか訊ね（1877），隆之に移項だと短く答えられている（1878）。【事例3】の通り，ノートに加筆されたことからも，誤解は解けたようであることがわかる。

　この対話は一見すると肯定か否定で簡潔に答えられるような援助要請発話と，移項であるという結論を示す援助発話との短い対話でしかないが，先に述べた通り，個人作業中から真帆は「これをまず括弧にして項に分ければいいんでしょ？」（1863）と隆之に援助要請を行っており，隆之のここでの応答は学級全体での議論の流れとそれまでの真帆からの質問をふまえたうえで，真帆のわからなさの内容が何であるかを推定して指摘したものであることがうかがえる。

　成績向上に対して援助要請の質が関係することは指摘されているが（Webb, & Mastergeorge, 2003；瀬尾2007），援助要請が機能する授業場面のタイミングについては検討されてこなかった。この事例においては，真帆が学級全体での議論を能動的に聴いていたものの正しく理解することはできず，自分の考えと学級で共有されて進む理解との乖離に戸惑いつつ，個人作業場面や学級全体での議論場面に隣の席の隆之に援助要請を行うことで対処している。1つ1つの援助要請自体は，成績向上に対する質の観点からは十分でないと解釈されるが，真帆が誤解を解消し，その先の理解へ進むために重要な役割を果たしていたと考えることができる。

3　不等式の解法の性質に関する理解プロセス

⑴　学習状況

　Figure 3-4 に示すのは，不等式の解法の性質に関する授業展開，および真帆の理解プロセスの時系列にそった関係図である。授業はまず，前回の授業の最後に 3 問出題された不等式を解く問題の解答を確認することから始まった。これらの課題は，負の数の乗除による式変形過程における不等号の向きに対して認知的葛藤を生じさせるために，不等式の解き方についてあえて何の指導もない状態で生徒に与えられていた。

　この授業開始時の真帆の理解状態をうかがえるのが，Figure 3-5 左に示す【事例4】の真帆のノートである。$5x \geqq 30$ について，真帆はもともと解答を 6 としていたこと，そして解説を受けて文字と組で表現することに理解を変化させたことがわかる。ただし，$x \geqq 6$ を解答として理解に変化があったとしても，「答えは $x = \underline{\quad}$ の形でかく」と必ずしも十分とはいえない意味づけをしており，不等式が示す値の範囲のイメージは欠落したままである。このときの真帆の理解には，右辺にはその計算結果を表すという演算子記号としての等号の一面的な見方 (Kieran, 1981) に強く支配されているという解釈が可能である。

　不等式であるにもかかわらず値を 1 つとして捉えてしまう真帆のこの考えは，続くグループ議論でも引きずられていた。Table 3-6 に示す【事例4′】の対話は，$6x - 12 \geqq 8x + 1$ の解について，グループでは譲により $-\frac{13}{2}$ より大きい値の代表として 1 を代入してみることが提案され，真帆は代入した結果，$-6 \geqq 9$ という式が出てきて戸惑っている場面である (2015)。不等号の左右が両方とも数値であれば，その数の大小関係が表されると理解していたといえる。しかし，譲が反例をあげて解答が正しくないことを指摘しても (2018, 2020)，x は $-\frac{13}{2}$ であると真帆は自らの考えを固持している (2021, 2031)。さらに，「以上」という言葉を伴った，譲からの不等式の見方の明白な説明を

		授業展開	真帆の理解プロセス	
	活動形態	内容	理解状態	行為
不等式2時間目	学級全体	① $5x≧30$，② $8x+2≧34$，③ $6x-12≧8x+1$ の解答確認	最終解を6とするのが誤りと気づくが，単なる表記の問題と捉える	聴く
	グループ	$6x-12≧8x+1$ の解が $x≧-\frac{13}{2}$ でよいのか 〔事例4〕	不等号の向きを変えるべきという主張を聴くも，$x=-\frac{13}{2}$ に固執しており，問題の所在をつかめない	援助要請
	学級全体	$x≧-\frac{13}{2}$ に該当する値 その場合の左辺と右辺の関係	$-\frac{13}{2}$ より大きい1を代入しても $-6≧9$ で成り立たない，と書きとる	聴く
	グループ	なぜ $x≧-\frac{13}{2}$ だと誤りか	-7 を代入し成り立つことを検証し，不等号の向きに誤りがあることを，質問を重ねながら一度は納得	援助要請
	学級全体	不等式でも移項は可能 $-2x≧13$ から $x≧-\frac{13}{2}$ の変形過程	$-2x×(-1)≧13×(-1)$ と誤変形し，誤りはないのではと混乱する	聴く
	グループ	なぜその変形が誤りか	$-2x×(-1)≧13×(-1)$ の変形が誤りであることを，指摘してもらう	援助要請
	学級全体	負の数で乗除することへの着目	負の数で乗除すると不等号の向きが逆になる，と聴いて書く	聴く
3時間目	グループ	なぜその変形が誤りか	負の数で割ると大小関係が変わる，と質問を重ねながら一度口にするが，向きを変えることのみを書きとる	援助要請
	学級全体	不等号の向きを変えればよいなぜ不等号の向きを変えるのか 〔事例5〕	与式の解決策だけでなく，不等式一般での逆転を，聴いて書く	聴く

Figure 3-4　**不等式の解法の性質に関わる授業展開と真帆の理解プロセス**

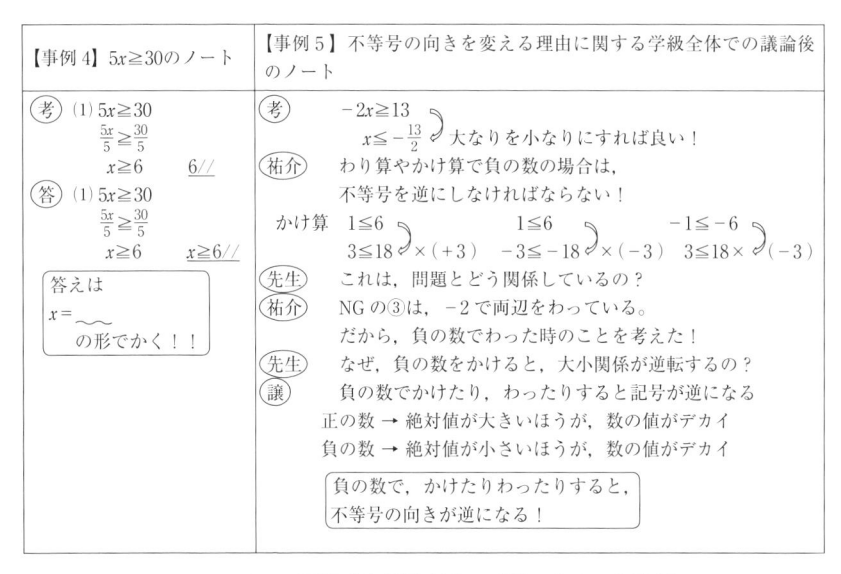

Figure 3-5　不等式の授業を聴いて書いたノート事例

Table 3-6　不等式の授業での援助要請事例

【事例4'】$6x-12 \geqq 8x+1$ の答えが $x \geqq -\frac{13}{2}$ でいいか考える課題のグループ議論

隆之　由佳	譲	真帆
		2015. 意味わからない。なんか-6の方が大きいってなったよ、私。
	2016. そう。おかしいでしょ？だから答えはこれじゃないと思うんだ。	2017. ああ、そういうことね。
	2018. 答えがこれならこれが成り立つはずだから。	2019. -6が9より大きいってこと。
	2020. だからそれがおかしいからバツだ。	2021. でもxはこの③だと、xは$-\frac{13}{2}$じゃん。$x=1$っていう答えを入れたわけじゃないから。だから$-\frac{13}{2}$って、
		2031. それならさ、それが間違ってるっていうのを証明したいなら、$-\frac{13}{2}$を代入した方がいいんじゃないの？
	2032. $-\frac{13}{2}$をするとただね、見事にピッタリになる。＝になっちゃう。	2033. いいんじゃないの？＝で。
	2034. $-\frac{13}{2}$よりも大きいどんな数、100を入れても200を入れても300を入れても成り立つよっていう式じゃない？これは。以上って。	2035. そういうことなの？

受けると（2034），そのような見方をしていなかったことを表明している（2035）。真帆は「≧を≦に変えれば成り立つってことを証明するために−6.5より小さい数を代入すればいい」（2151）と発言できるようになるまで，その後も学級での議論を聴き，グループでの譲との対話を繰り返していた。

　一方授業は，各グループでの議論が停滞したとみると，宮野教諭は問題点を整理するための学級全体での議論を挟みつつ，グループでの探究が中心となって展開された。最終的に，負の数で両辺を乗除する場合には不等号の向きを変えなければならないという生徒たちが導き出した結論に対し，教諭がなぜ向きを変えるのかという問いかけを行った。これにより，課題の式から一般化して，不等式において負の数で乗除するイメージ共有をめざした学級全体での議論が行われ，数直線上に図示した絶対値による説明へ発展した。

　このときの真帆の理解状態をうかがえるのが Figure 3-5 右に示す【事例5】のノートである。直前まで，グループで $-2x \geqq 13$ から $x \geqq -\frac{13}{2}$ への式変形の誤りについて議論していた。そのなかで，真帆は譲から負の数でわると大小関係が変わって不等号の向きが逆転することの説明を受け，復唱したりノートに書きとったりして納得の様子をみせていた。しかし，学級全体での議論が始まる時点での真帆の考えの記述から始まる【事例5】は，≧を≦にすればよいという操作のみが定着していたことを示している。この後の学級全体での議論によって，ようやく真帆が不等号の向きを逆転させる操作と負の数で割るという手続きを統合させ，理解が深まったと考えられる。

(2)　聴き方の特徴

　上記プロセスにおける聴く行為をより細かく検討する。Figure 3-5 の【事例5】は，式変形の途中で不等号の向きが変わる理由を，教師を中心に特定できるだけで7人が単独の発言の形で参加して学級全体で議論した際の真帆のノートである。祐介の板書した3つの式と，最後の囲みの中の2行以外は，すべて真帆が議論を聴いて書いたものである。複数人の発言内容を統

合して再構成していたか，名前を記して発言者の著者性を残しているかという点で【事例2】と違いはあるが，教師の問いに対する応答という構造化をここでも行っており，【事例2】と同様に，真帆が言い換えてまとめる能動的な聴き方をしていたことがわかる。

　また，何を聴いていたかに着目する。真帆は最終的に，グループ議論中の譲との会話の中で，「負の数で割ったらなんで逆転するか。大小関係が逆転する。負の数で割ると。これだね。不等号の向きが逆転する。」(2300) と発言するまでに探究していた。しかし，真帆の中でグループ議論を経て定着したのは≧を≦にすればよいという操作のみであり，原理は未消化の考えとして残っていたと考えられる。その話題について，-3 や -2 でわる，負の数でわる，負の数の乗除のイメージという一般化の段階を進んだ議論の展開を，真帆は書き記すことができている。自らの考えに対する答えとして，議論をよく聴いていたことがうかがえる。

⑶　援助要請の仕方の特徴

　⑴で先述した通り，真帆はグループ議論中に多くの援助要請を行っていた。その内容は主に，自分の考えを誤解の表出を躊躇せずに述べることである。Table 3-6 の【事例4′】の $x = -\frac{13}{2}$ の考えに固持する発言は (2021, 2031)，どのような説明を真帆にすればよいかという情報を譲に伝える機能を持つ。不等式の見方の丁寧な説明は (2034)，真帆が誤っていても自分の考えを表出したためと考えることができる。このように，真帆の援助要請の仕方は他者の助けを借りていても考える主体は自分自身であり，自律的な援助要請であったといえる。

　ただし，この援助要請行為だけが理解の深化に寄与したわけではないことが【事例5】から明らかである。グループでの対話の中で一度納得したようでも，与式のことに限定されて不等式一般という視点が欠如していたことが，改めてノートに自分の言葉で書く際に顕在化している。したがって，【事例

4′】で行っている援助要請は【事例3】と同様，誤解を解消し理解を進めるうえで寄与するが，グループ議論の中で深まらなかった点まで真帆の理解が到達するうえで先述の学級全体での議論を聴く行為が機能していたことがうかがえる。

第4節　総括的考察

　本章は，中学校1年生の代数の授業において，一生徒の視点に立ち，他者との対話を介して学習するプロセスを授業の状況に位置づけて明らかにすることを目的とした。そして，つまずきへの対処として聴く行為と援助要請に着目し，特定の個人の文字式理解プロセスを質的な事例記述の方法で検討した。その結果，以下の3点が明らかになった。

　第1に，真帆が操作的／構造的見方のいずれもできない理解状態から，方程式・不等式の授業を経て，それぞれの解法の意味を理解するに至ったことが描かれた。まず，【事例1】より，真帆は $2ab$ と $ab+b$ に対して正しく数値を代入して値を算出することも，演算記号が残った式をそのまま値として認識することもできていなかった。しかし，後の試験成績やノートの記述によって，方程式を解くとは $ax+b=c$ のとき「x に何かを入れれば c になる」と考えるだけでは不十分で，「左辺の値が右辺 c の値と等しくなるように満たす x はこれである」という考えに基づくこと，また不等式を解く際に符号の向きが変わる理由が負の数で乗除した場合には値と絶対値の関係により大小関係が変わるからであることを理解したことがわかった。

　そのプロセスでは，よく聴くことや援助要請が行われていたことが事例の検討から明らかになった。つまずきに対して生徒がどのように対処するかを聴くことと援助要請に着目して，真帆の理解プロセスを分析したところ，【事例2】と【事例5】から板書や発言の機会的な写しではなく自分の言葉で言い換えて再構成してよく聴いていたこと，【事例4′】から具体的に粘り

づよく援助要請を行っていたことがわかった。聴くことについては，一柳（2009）が能動的な聴き方の指標を提示している国語科・社会科と比較すると，数学科は目の前のテキストではなくどのような既有知識を用いて考えを構築するかという体系的な教科であるため，「要約」という表現より「統合」が適すると考えられる。

　ただし，【事例3】のように，能動的な聴き方であったとしても正しく理解がされない場合があった。また，【事例4′】のようによい援助要請の仕方であっても理解が十分でない場合が確認され，そのような援助要請の仕方をする真帆であるのに【事例1】のようになぜ文字と式の授業のときにはつまずきが解消されなかったのかという疑問が残る。

　そこでさらに授業中におけるタイミングに着目すると，第3に，聴くことと援助要請が状況依存的であることが示された。能動的に聴いていたとしても正しく理解がされない場合に，援助要請によって誤解が解消されることが描かれた。【事例3】で，真帆は学級全体での議論を能動的に聴いていたにもかかわらず，符号を替えて項を逆の辺に移すという移項の操作の意味の説明に用いられた括弧を付ける作業を移項と誤解し，それを隆之への援助要請を契機に正しい理解へと改めていた。柔軟に尋ね方を変えながら具体的に質問を継続することが成績向上につながるとされる（Webb, & Mastergeorge, 2003）。本研究では，単体では成績向上に十分に寄与しないとされる援助要請の仕方でも，学級全体での議論を能動的に聴くという姿勢が事前にあった場合に，自分の考えと学級で共有されて進む理解との齟齬を感じながらなされた援助要請は，誤解を解消して先に進むために役立つことが示唆された。

　対照的に，グループでの議論の間に具体的に自分の考えを述べて援助要請を行った場合には，その時点で理解が十分定着しなかったとしても，その後の学級全体での議論を能動的に聴く行為によって補われていた。【事例4】からわかるように，グループでの議論を終えた時点で，与式を正しく直すことのみを考えて不等式一般という視点が欠如していた真帆の理解が，学級全

体での議論を言い換えたり統合したりしながら能動的に聴くことで深化したことが【事例5】からうかがえた。

　これまでよく聴くこと，良質の援助要請をすることの学習への効果が指摘されてきたが，特定の生徒のその行為を授業という不可逆な流れに位置づけて捉えたことによって，行い方のみならず行うタイミングや組合せることが，その生徒の学習への効果として関与している可能性が浮上した。そう考えると，文字と式の授業では関連づけるべき知識の整理が真帆にとってまだ十分でなく，聴くことを通じて知識が整理されていったと捉えることもできる。聴くだけでは正しく理解できないなど1人でつまずきを抱える生徒の学習を支援するうえで，参加スタイルがどうであるかのみならず，どのような学習状況で援助要請をしているかなどに注意を払うことの重要性が示唆されたといえる。

　しかし，本章には以下の課題が残される。第1に，本章は1名の生徒に焦点をあてた事例研究である。そのため，真帆に特有の現象である可能性や，聴くことと援助要請以外の要因の存在を完全には否定できない。しかし，もう一方で，以前機能していなかった学習方略があるとき機能するというどこでも起こり得る現象に対する示唆は得られる。聴くことと援助要請が生徒の理解状況に応じて概念的理解に対して相補的に機能するという本章の知見の運用には注意が必要であり，学級の特質を考慮することが求められる。

　まず，宮野教諭が数学を学習するということを，答えを得ることで終わらず，理由や根拠を考えることであると信じていた。それに伴い，授業で生徒に問われる課題の一部は解法について考える活動を含んでいた。課題によっては，真帆にも短絡的で依存的な援助要請が観察されていた。また，グループへの評価の求め方として，グループとしての成果に対する評価はなく，グループで考えてもその後の授業進行で問うのは個人の考えとしていた。これらの学習環境の設定により，自分の考えを起点として，教室談話を能動的に聴いたり，他者に自律的に援助要請したりする行為が支えられていたと推察

される。このような学級における別の視点に基づく相互作用プロセスについて，次章以降でさらなる検討を重ねる。

　第2に，教科の特性については言及したが，本研究では代数分野の検討に留まっている。たとえば幾何のように分野が変わると，式に加え図をどのように見るかが重要な問題となる。発話だけでなく，より一層ノートや黒板の果たす役割を中心に分析を行い，分野による特性についても今後検討することが求められる。

第4章　援助要請の対象と内容に着目したグループでの問題解決プロセス

第1節　本章の目的

　第3章では，特定の生徒の援助要請と聴く行為に着目して，文字式の理解プロセスを単元単位の時間軸の中に位置づけて検討した。しかし，生徒は1時間の授業の中でも数学の理解プロセスを経験しており，授業単位の時間軸の中でも検討する必要がある。そこで本章では，数学の問題解決プロセスを，生徒の視点に立って，解決の進行状況に応じた援助要請や実際に生じた相互作用の特徴を明らかにすることを目的とする。

　第1章第3節で述べたように，ペアやグループでの問題解決に関する研究では，同一課題でもペアやグループによって生徒間の相互作用パターンが異なることや（Forman, & Cazden, 1985; Barron, 2000），要素を抽出して問題表象を共有する段階と，その問題表象に対して互いに知識を付与して要素を関連づけたりしながら説明の整合化につとめる段階とに分けて教授することによって理解の深化が促進されること（橘・藤村，2010）が指摘され，解決に向けて相互作用に変化があることが明らかにされている。また，相互作用が問題の解決に結びつくものとなるためには，グループの中で誰かの提案に対する応答が影響していることもまた指摘されている（Barron, 2003）。しかし，相互作用を提案と応答の関係に替えて援助要請と援助の関係で捉えた場合に，問題解決に向けて進展するためには，どのような援助要請に対するどのような援助か，そしてそれが問題解決の進行のプロセスの中でどのように位置づくのか，微視的に検討する必要がある。

　援助要請研究においては，第1章第2節で論じた通り，援助要請対象者としては教師か友人（野﨑，2003），あるいは適任だと決まっている人や好みの人（Nelson Le-Gall, 1992），そして要請内容としてはヒント・解法の説明か答え（瀬尾，2007）が想定されている。これはすなわち，援助を必要とする者から，問題の解答やその解答の導き方という応答してほしい内容を既に持っている者へ尋ねる場面という構図で研究が行われてきたことを意味する。

　しかし，授業においてグループでの数学の協働的な問題解決という環境が整えられたとき，生徒の視点に立てば，援助を必要としたときに誰が何をどの程度わかっているかは明確にはわからない。援助が必要であると気づいた生徒が，教室の中で誰にどのように援助要請するかを判断し，そして実際に援助要請を行った際には，その行為が誰，あるいは何に対してどのように機能するか，その相互作用で起こっていることが研究として明らかにされているわけではない。グループの中で生徒が互いにどのように自他の理解の状態を確認しあって，わからない事柄についてどのように援助し合い，理解を進展させているのか，問題解決の進捗状況に位置づけて検討する必要がある。

　そこで本章ではグループでの問題解決の議論において援助要請が生起した際の要請対象と要請内容に着目し，相互作用の事例を問題解決の進捗状況に位置づけて質的に検討する。

第2節　方法

1　分析対象

　本章では，第3期の2時間×10グループの談話記録，および該当する生徒のノートを分析の対象とする。それぞれの授業において生徒に与えられたのは，Table 4-1に示す通り，「$2x - y = 3$においてxがどの値からどの値まで増加しても変化の割合が2になることを示せ」という課題（以下，課題1とす

Table 4-1　分析対象の課題内容

	課題	模範解答		
1	$2x-y=3$ において x がどの値からどの値まで増加しても変化の割合が 2 になることを示せ（6月29日実施）	$x=s$ を代入 $2s-y=3$ $-y=3-2s$ $y=-3+2s$ 変化の割合 $=\frac{(-3+2t)-(-3+2s)}{t-s}$ $=\frac{-3+2t+3-2s}{t-s}$	$x=t$ を代入 $2t-y=3$ $-y=3-2t$ $y=-3+2t$ $=\frac{2t-2s}{t-s}$ $=\frac{2(t-s)}{t-s}$	$=\frac{2}{1}$ $=2$
2	A$(0,4)$，B$(-6,0)$，C$(2,0)$，D$(3,2)$ について 点 A を通り四角形 ABCD の面積を等分する直線の式を求めよ（11月12日実施）			

る），および「A$(0,4)$，B$(-6,0)$，C$(2,0)$，D$(3,2)$ について点 A を通り四角形 ABCD の面積を等分する直線の式を求めよ」という課題（以下，課題2とする）である。

　課題1が提示された6月29日に実施された授業は，「方程式 $2x-y=3$ の解を図示せよ」という課題に対し，生徒がいくつかの整数解を点として座標平面上に打って繋いで直線にした行為を始まりとし，直線になることを変化の割合を用いて丁寧に説明することが目指された一連の授業に位置づく。ねらいは，一次関数 $y=ax+b$ における変化の割合が a に一致し，グラフで傾きになるという知識の獲得に留めず，関数 $y=f(x)$ の中で一次関数が変化の割合一定の特殊な場合であるという概念形成の土台の学習にあるといえる。

　課題1は授業内での3番目の課題で，直前までの課題は同様の形式だが，x の値が具体数1から2まで，2から3までと示されて生徒個々に課されて

いた。その出題形式を残したまま x の値を任意としてグループに課されたものが課題 1 である。生徒が文字におく発想になかなか至らずに一度グループが中断され、学級全体での議論で「どの値からどの値まで」が「s から t まで」と改められた[11]。解法は表に示した模範解答が主となるが、なぜ文字におくか、あるいは文字式の計算など議論の幅は大きい。

　課題 2 が提示された11月12日に実施された授業は、一次関数と連立二元一次方程式を一通り学習した後、「$3x-1=2$ の解を平面上に図示せよ」という課題に始まり、垂直二等分線を求めたりすることを通して、関数が幾何と密接に関わり、いずれのアプローチもとれることの発見が目指された一連の授業に位置づく。ねらいは、何の単元の授業であるかによって問題解決を左右されずに、数学で物を考える姿勢を養うことにあるといえる。

　課題 2 は授業内での 2 番目の課題であり、点 A、B、C を保ったまま点 D が加えられ三角形から四角形となり、グループで解決するように課されたものである。解法の方針は等積変形の活用と面積の求値に大別され、補助線の引く位置でさらに分かれるような、多様な解法をもつ課題である。

　以上のように、議論の幅や解法の多様性がみられたことから、単元の型への依存度が低い数学の問題解決プロセスの検討が行えると判断し、両課題を選択した。各課題には席替えの前後でそれぞれメンバー構成の異なる10グループが取り組んだ[12]。第 2 章第 1 節で述べたように、協力学級においてグループは無作為の男女 2 名ずつの 4 人グループで構成されていた。

　なお、グループ議論の教室での背景は次の通りである。授業の開始はコの字型による学級全体での議論、教師が生徒に考えさせたいと判断したタイミングで、グループで議論すべき課題として発問され、グループ議論が始まる。グループ議論を終えると、グループでの議論を通して考えたことを学級全体

---

11)　s≠t という条件については明記されていないが、協力学級では 1 年生のときから÷0 について繰り返し学習しており、暗黙に了解されていた。

12)　したがって、以降の事例では異なるグループであるにもかかわらず、同じ生徒が登場する。

で共有しながらさらに議論が進められるのが常であり，特に本章で分析対象
とする課題ではいずれも，ワークシート等への記入が求められたり，事前に
発表者が指名されていたりするというような，制限がかけられているわけで
はなく，自由に考え合うことが求められていた。グループ議論中，教師は各
グループが何をしていて，生徒たちがどのような理解状態にいるかを知るた
めに見て回っており，基本的にグループ議論の時間には教授介入としての意
味はもたれていなかった。

2　分析の枠組み

　まず，グループの生徒たちが互いにどのように自他の理解の状態を確認し
あっているかを明らかにするために，援助の要請対象者に着目した。要請対
象者とは文字通り，援助要請したい者からみて援助を求める相手ということ
である。ただし，本章では援助要請をした生徒にその意思を聞いてはおらず，
誰に向かって援助を求めたかは特定されない。たとえば，グループの中の特
定の誰かに対して援助を求めるときと，グループの自分以外の2人ないし3
人に求めているときとが明確には区別できない場合がある。しかし本章では，
実際に応答した生徒以外の生徒が援助を求めた生徒にとって対象として認知
されていたかどうかよりも，その援助要請によってその後何が起こったかに
重点をおく。そこで操作的定義として，それぞれのグループ談話記録におい
て，第三者の目からみて援助が必要だとわかるように表出された援助要請の
生起した場面で実際に応答をしていた生徒を要請対象者とみなすこととした。
そのようにして捉えた要請対象者に着目すると，そのときまでに「できた」
と表明しているかいないかによって要請対象者を大別することができた。

　次に，要請内容に着目した。援助要請が生起していても，たとえば一問一
答という1ターンの対話で終了するような場面は除き，問題解決にとって転
機となりうる場面を対象として，どのような違いがみられるかを検討した。
すると，できたと表明していない他者に対しては自分の考えについて尋ねて

おり，できたと表明した他者に対しては自分の考えに加えて他者の考えなど
を尋ねていた。

　以上より，要請対象者としてできたと表明しているか否か，要請内容とし
て自分の考えについてであるか否かという枠組みを設けることとした。これ
によって，生徒がグループの中でどのような他者にどのような内容の援助を
求めているかという相互作用の概略が浮かび上がるといえる。本章ではさら
に，その相互作用においてわからない事柄がどのように援助要請され，問題
解決に向けてどのように機能しているかを明らかにするため，この枠組みの
中で要請対象者ごとに要請内容の異なる事例を3つずつ抽出し，記述によっ
て多角的に検討する。抽出された事例は，Table 4-2のように整理される。

　なお，これら6つの事例に絞られた理由は，グループでの取り組みが指示
されてから経過した相対的な時間の長さの観点からである。できたと表明し
ていない他者に対する援助要請で始まる事例は問題解決の序盤から中盤に，
できたと表明した他者に対する援助要請で始まる事例は問題解決の中盤から
終盤にかけて生起していた相互作用であり，問題解決の進捗状況に位置づけ
た特徴の検討に適していると考えられた。

　事例を検討するための視点として，まず援助要請の種類に注目した。援助
要請の種類は，第2章第2節の2項で述べたように，Webb, & Master-
george（2003）のカテゴリーを参照し，本章で分析対象とする課題に取り組

Table 4-2　援助要請者を起点とした要請対象者別の要請内容の分類

要請対象者	要請内容		
できたと表明していない他者	【事例1】 自分の全くの わからなさ	【事例2】 自分の考えの 破綻箇所	【事例3】 自分の考えの 是非
できたと表明した他者	【事例4】 他者の用いた 解法	【事例5】 他者の解法の 意図	【事例6】 既習の数学の 内容

むグループ談話記録に適すよう，修正を加えた。「混乱の宣言」はそのまま
採用し，〈混乱の宣言〉とした。他者に説明を要望する発話として「問題の
解き方についての全体的な援助の要望」と「特定の数の得方についての説明
の要望」があるが，前者については問題を焦点化できていない状態であると
いう定義を加え，〈手続き教示の要望〉とした。後者は，問題を焦点化でき
ていない状態であり，かつ求めている内容が理由であるか否かに違いがみら
れたため，〈具体的説明の要望〉と〈理由説明の要望〉とした。「特定の数に
関する情報の要望」は，ある事柄が得られた背景を確かめる側面に着目し，
〈解釈の確認〉とした。「誤り」は，そのまま〈誤り〉とした。これらの定義
と発言例，および事例中の表記法（下線の種類）を Table 4-3 に示す。

　さらに，援助要請を契機に援助要請者と要請対象者にそれぞれ何が起こっ

Table 4-3　援助要請カテゴリー

カテゴリー	定義	発話例と表記法
混乱の宣言	わからないという状態を伝える発話	「全然わからない。」
手続き教示の要望	問題を焦点化できない状態で進め方を尋ねる発話	「俺は何したらいい？」
素朴な質問	課題の目的に沿わず既習内容への疑問点を尋ねる発話	「え，$2x-y=3$ はそもそも，比例ではないんだよね？」
具体的説明の要望	問題を焦点化したうえでその説明を求める発話	「x の増加量ってどうやって求めたの？」
理由説明の要望	課題や説明に対しなぜかを問う発話	「なんで a と b は違う値なの？」
解釈の確認	課題や説明に対する解釈を述べて確認する発話	「同じもの増やしたんじゃないの？」
誤り	説明を要請する形式でないが第三者からみて援助の余地がある発話	「$y=2t$ で，$y=2s$ で，$t=s$ だから $2u$。」

ているのかを検討するために，要請対象者の行動，理解の進展者が誰かを視点として定めた。

　以上の分析の枠組みおよび視点に基づいて，第1に援助の要請対象者および要請内容に応じて，どのような援助要請の違いがみられるか，第2にその援助要請の行為が誰にとってどのように機能するかという特徴を，事例に沿って発話およびノートの記述から分析・考察する。そして最後に，それら特徴の異なる相互作用が数学の問題解決プロセスの中でどのように位置づけられるかを考察する。

　なお，以下の事例中で，下線は Table 4-3 に示した通り援助要請を，網掛けは援助を表す。そして，本章ではグループの人数が 4 人でも，事例の場面で発話があった生徒のみを表示するものとする。

第3節　結果と考察

1　できたと表明していない他者との対話の特徴

　問題解決の序盤から中盤にかけて，援助を必要とする生徒は自分の理解状態を探ろうと，困っていることを他者に知ってもらうような援助要請を行って，対話が始まる様子がみられた。そして，その要請内容の異なる，自分の全くのわからなさを表出している【事例1】，自分の考えの破綻箇所を表出している【事例2】，自分の思いつきの是非を尋ねている【事例3】を分析・考察したところ，発端となる援助要請の種類や要請対象者による理解状態や他者との関わり方の違いによる受け止め方，それによる理解の進展者がそれぞれに異なっていることが描かれた。以下に，順に詳細を記述する。

⑴　自分の全くのわからなさを表出するときの特徴

　Table 4-4 に示す【事例1】は，課題2に取り組む中で，グループの中で

誰も解決の糸口が見えずに混迷していた際に，宮野教諭が将人に声をかけたことに続いて生じていた将人と梓の対話である。Figure 4-1 はノートに記されたグラフであり，座標上の点の名前は梓のノートに従っている。

　授業内の1つ前の課題で求めた直線 AN を自分のノートのグラフにそのまま残して手をとめていた将人に，宮野教諭が声をかけたところから【事例1】は始まっている。将人は，教諭から補助線 AN を称賛されるものの，「何したんですかね？」と〈混乱の宣言〉をしている（50）。教諭は平行線へ着目したことを指して声をかけたと思われるが，将人自身は「さっき三角形書いてそのまま上から写しただけ。」と言い，また座標上の点に名前を付けていないことからもうかがえるように，補助線 AN に意図をもっていなかったようであることがみてとれる（52）。

　宮野教諭に「それでそれで？」と先を促され（53），沈黙してから今度は補助線 MN を引いた。しかし将人は，「俺は何したらいい？何したんだ？」と，なお混乱を顕わにしていた（55）。梓は補助線を書き込んだ自分のノートに向き合っていて，将人への明確な応答はしていない（56）。将人は今度，「AB の中点と N を結ぶと」と，試したことを言葉にしてみている（57）。すると梓が，「AB の中点と N を結ぶと？そうすると？平行。平行だよ。」と将人の言葉を復唱し，平行になるという援助に値する応答をしている（58）。そこで将人は，「平行になるとどうなるの？」と，さらに〈具体的説明の要望〉へと質問内容を焦点化させている（59）。

　しかしここから，梓は将人の援助要請にすぐには答えることはせず，平行であると言ったものの，「あれ？ちょっと待って。」と〈混乱の宣言〉をし（60），そこから AB の中点 M の座標を求めて書き込み（61），平行になることを再度確認し始めた。そのうえで梓は，「だから？何これ？」と，平行であるから何がみえるかに考えを進め，マス目つきのノートを活用して広さを数え，同じ面積比で表される三角形を発見している（67）。宮野教諭が意図した平行線を活用する等積変形の着想とは異なったが，この後，グループの

Table 4-4　できたと表明していない生徒へ自分の全くのわからなさを表出する対話

【事例1】課題2の取り組み中，何気なく引いた補助線の意味を問い始める場面

将人	梓	宮野教諭
		49.　抜群だね，将人君，どうしちゃったの？いいね。
50.　何したんですかね？〈混乱の宣言〉		51.　すごいねー，冴えてるね。
52.　さっき三角形書いてそのまま上から写しただけ。〈誤り〉		53.　あー，そうだよね。素晴らしいね。それでそれで？
	54.　それで？ああ。	
55.　俺は何したらいい？何したんだ？〈混乱の宣言〉	56.　ああ。ああ？違う。直角じゃない。	
57.　えーと，AB の中点と N と結ぶと	58.　**AB の中点と N を結ぶと？そうすると？平行。平行だよ。**	
59.　平行になるとどうなるの？〈具体的説明の要望〉	60.　平行。*イエイ。あれ？ちょっと待って。*〈混乱の宣言〉	
	61.　マイナス。あ，いいよ，あってるよ。マイナ，あ，いいよいいよ，OK。	
62.　あってるの？	63.　あってるよ。	
64.　やった！	65.　嘘嘘。	
66.　え，嘘？	67.　嘘じゃない。だから？何これ？1，2，2，2，1，1だから，あ，これとこれが同じ三角形だから…	

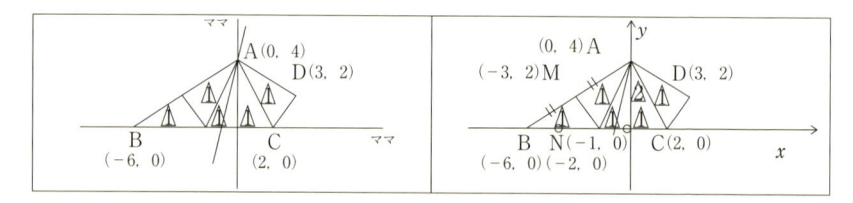

Figure 4-1　将人（左）と梓（右）のノート抜粋

　他の2人にも梓の発見は伝わり，四角形 ABCD を5等分したうえで中央に位置する三角形を2等分して直線の式を求めるという解法で解決する転換点と【事例1】はなっていたといえる。

　誰も解決の糸口がみえたと表明していないというグループでの問題解決の段階で，【事例 1】の対話の起点となった援助要請は，将人の何気ない〈混乱の宣言〉であり，その特徴は問題の所在がどこか，自分が何をしているかを把握できず，全くのわからなさを表明した行為ということである。本来ならば，自分で考えを進めることができていないという点で消極的あるいは依存的と解釈される行為であるが，この場面では要請対象者にとって手がかりとなり，解決に向かう様子がみられたといえる。本事例で要請対象者である梓の行動は，平行であると言うまでは将人に宛てられていたものの，平行であるから何が言えるかを考え始めると，自分の課題として没頭し，それは【事例 1】の後も続いていた。援助要請者である将人の無自覚の考えが要請対象者である梓にとっては自らの考えとして受容され意味づけられて問題解決が進められていた。最終的に理解が進展していたのは，要請者の将人よりもむしろ要請対象者の梓であり[13]，しかし将人のわからなさの表明がグループとしての問題解決の進展にとって 1 つの契機であったことがうかがえる。

⑵　自分の考えのつまずきを表出するときの特徴

　課題 1 に取り組む中で，自分のつまずきがどこにあるかわからなくなっている飛鳥を中心とした理恵，慎二の 3 人の対話を Table 4-5 の【事例 2】に示す。Figure 4-2 は飛鳥と理恵のノートの記述内容である。

　【事例 2】の背景として，飛鳥がこの問題解決において，x の増加量 $t-s$ を u とおいた場合に，y の増加量が 2u になれば変化の割合が 2 であると説明できるという下位目標を立てられていたことが，一連の発話やノートから汲み取られる。しかし同様に，y の増加量が 2u になることを式で表現することにつまずきを抱えており，それが Figure 4-2 のノートが示すように筆

---

13)　将人が理解できるかどうかは，時間差など様々な要因が考えられ，事例 1 は要請対象者が理解を進展させられないことを示すものではない。

算の形式で表現することを試みた際に式と計算結果の関係を明記できていないことに顕在化されていることもまた読み取れる。これらの飛鳥の理解が，【事例2】の根底にあるものとして，あるべき数学の解法と飛鳥の解法との質の違いから推察される。

　そしてそのようなつまずきが飛鳥自身の中で明確化されていない中，飛鳥は「yの値はそのtの2倍したやつ，sを2倍したやつの，だから，2，2uにならない？」と言い，これはyの増加量が2uになることの飛鳥なりに意味づけた説明として，しかしyの値は本来2tと2sではなく2t－3，2s－3であり，かつそれらの値から2uになる間の計算への言及がないために，〈誤り〉の援助要請と解釈できる（54）。慎二も理恵もすぐには飛鳥の発話の意図をくみ取れず，飛鳥のわからなさを知ろうとするかのように聞き返している（55，56）。飛鳥は「y＝2tで，y＝2sで，t－sだから2u。」と言い，先ほどと同様の内容を言葉から式へ言い換えて表現し直しているが，ノート内のどの式の計算結果かが明瞭でないうえに，yの値も〈誤り〉を含んでいるという点では変化のない発話をしている（64）。そのような飛鳥に対し理恵は，「なるほどなるほど！ 3が消えて」と語り始め，ノートに従って飛鳥の手続きの順を追っている（65）。「t－sがuだとすると，uだとすると，yっていうのが……」と，理恵は自分主体で飛鳥の手続きを考え，そこから「この式でいくと，2u＝uになっちゃう。」と，飛鳥にわからなさをもたらす破綻箇所を指摘するに至っている（67）。

　その後，飛鳥は2u＝uという成り立たない式が出てこないように表記をどのように工夫するかを模索している。その飛鳥の発話の中の，「増加量は2uで」という言葉に（123），理恵が反応した様子で「あ，これが増加量なんだ。」と言葉を返しており（124），理恵は自らの新しい発見をしたことがうかがえる。理恵のノートを見ると，左辺が空欄になっており，「＝で結んでるじゃん。」という指摘（128）からも，yの値とyの増加量を混同して立式していることに矛盾点があることに気づき始めていると推察される。ただ

Table 4-5　できたと表明していない生徒へ自分の考えのつまずきを表出する対話

【事例2】課題1取り組み中，増加量への着目の重要性に気づく場面

飛鳥	理恵	慎二
54. で，t−s は，t−s で u だとするじゃん？ s，t，u で u。で，それで y の値はその t の2倍したやつ，s を2倍したつの，だから，2，2u にならない？〈誤り〉		
		55. あ，え？
	56. ん？もう1回言って。もう1回言って。	
64. ここ，ここ，ここ y＝2t で， y＝2s で，t−s だから 2u。〈誤り〉		63. 2u＝u っていう式があって？
66. そう，−3 は無視しちゃう。	65. なるほどなるほど！3が消えて，	
	67. t−s が u だとすると，u だとすると，y っていうのが…けどさ，この式でいくと，2u＝u になっちゃう。	
68. ん？		
123. （前略）u は書かないで，そのさっき u 書いてあったところに 2u を書く，そこに 2u を書いて，だと思う。そしたら y は下ろせるでしょ？あ，y は下ろせないか，下ろせない，下ろせない，0 だから。〈誤り〉増加量は 2u で，		
125. u が x の増加量，これが y の増加量。	124. あ，これが増加量なんだ。	
127. 消す。	126. で，3 は一緒だから消すじゃん？	
	128. で，t−s が u だから，…え，これってさ，＝で結んでるじゃん。でさ，y は 0？	
129. ＝はないかな。差を求めてるから。ただの 2u でいいと思う。〈誤り〉この，下にある 2u っていうのは，2t−2s で y は関係ないから。		

Figure 4-2　飛鳥（左）と理恵（右）のノート抜粋

し，自分自身にとっても飛鳥に対しても言葉として説明されるほど明確化はされていないようである。そして飛鳥も，「差を求めてるから。ただの 2u でいいと思う。」と返し，y の増加量を求めたいのに正しい表記をすることができずに〈誤り〉を含んだままでいる（129）。しかし，理恵からの指摘に応答を繰り返すうちに，「2u っていうのは，$2t-2s$ で y は関係ない」と言い，y の値と y の増加量の区別を徐々に言葉にすることができていることもまたうかがえる（129）。グループの問題解決としてはその後，隣のグループで解決できた生徒が議論に加わったことを契機に，計算式で表し始め，解決を迎えていた。

　グループの中で下位目標を持ったもののうまく進めることができずにつまずいている生徒がいるという問題解決の段階で，【事例2】の対話の起点となった援助要請は，飛鳥の〈誤り〉であった。これは，自分のつまずきがどこにあるかわからない状態で，しかし自分の考えを伝えようとしている行為と捉えられる。【事例1】と比較すると，自分の考えのつまずきがどこにあるかという点で要請内容がより具体的であるといえるが，考えに矛盾を多く含んでおり，それを自分で明確化できているわけではないため，焦点を絞れているとは言い難い。飛鳥に対し，要請対象者とみなせる理恵がとった行動は，自分の問題解決を進めることよりも要請者の飛鳥の考えに従って，どこに誤りがあるかを考えることであったといえる。このグループでは，問題の解決という点では隣のグループから解決できた生徒が介入してくるのを待たなければならなかった。しかし，理恵が矛盾点の指摘を繰り返したことで，飛鳥は 2u が何を表しているか，言葉で，そして式でと表現を精緻化させ，表記に問題があることに気づくことができ，また要請対象者である理恵は u が x の増加量，2u が y の増加量であることを新しく発見することができ，両者に理解の進展はみられたといえる。本事例から，わからないことがあるもののつまずきを明確化することができずに困っているが，誤りながら言葉にして表出することで他者から矛盾点を指摘され，徐々に考えの表出の仕方

が精緻化され，双方が理解を進展された様子がうかがえる。

(3)　自分の思いつきの是非を尋ねるときの特徴

　Table 4-6 に示す【事例3】は，課題2に取り組み，裕子が試行錯誤の過程で思いついた考えが妥当であるかわからずに，それを口に出したところ，譲と宏明が返答をしたという3人の対話である。Figure 4-3 は裕子のノートに書かれていたグラフである。

　【事例3】は，それぞれ別の取り組み方をしている中，裕子が AD を x 軸と交わるまで伸ばして大きな三角形を作ることを唐突に思いついた場面である。この問題においては，その三角形が二等辺三角形になるように座標の値が設定されていたため，解決に結びつく着想であった。まだその着想が解決に向かうものであるかどうかを判断できていない裕子は，「これ（AD）がさ，ここ（x 軸）まで伸びる三角形だったらさ，これの，中点ってことでしょ？」と言い，〈解釈の確認〉をしている（85）。すると譲がすかさず「86. うん，そうだね。」と相槌をうっている。さらに裕子は，「それを補う部分が足された中点が，こうってことでしょ？」，「この分の面積を補う分が足されたのが中点ってこと？」と続けている（87, 89）。この裕子の表現は，言葉足らずであることは否めないが，キーワードを拾っていくと，AD の延長線と x 軸の交点を E とした場合に，三角形 ABE を A を通る線で等分したうえで，延長したことで余分に足された三角形 DCE の面積の半分を動かせば，求める等分線の x 軸との交点の座標が求められるというものであることが推察される。実際に，裕子はその後，その通りの解法で答えを導いている。そして【事例3】において宏明は，「あ，でも頑張ればいけるか。」と肯定しており，面積を求めれば裕子の考えが活かせそうだと気付いた様子である（91）。「あ，でも」という言葉に，それまで自分が考えていなかったという意外性が表れていることがうかがえる。裕子と宏明はその後，三角形 ABE をもとにそれぞれで考えを進めて解決しいていた。

Table 4-6　できたと表明していない生徒へ自分の思いつきの是非を尋ねる対話

【事例3】課題2の取り組み中，思いつきの補助線の意義が共有される場面

裕子	宏明	譲
85. ってかこれ（AD）がさ，ここ（x軸）まで伸びてる三角形だったら，これの，中点ってことでしょ？〈解釈の確認〉		
		86. うん，そうだね。
87. それを補う部分が足された中点が，こうってことでしょ？〈解釈の確認〉		
		88. ここまでこう来てたら，ここだな，目分量で。
89. だからこの分の面積を，この分の面積を補う分が足されたのが中点ってこと？〈解釈の確認〉		
		90. この分の面積だけちょっと横にずれればいいんだけど。
	91. あ，でも頑張ればいけるか。	
92. 頑張るべ。		

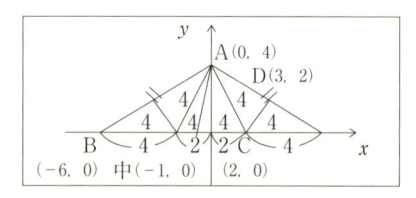

Figure 4-3　裕子のノート抜粋

　各自で試行錯誤をして問題解決を進めるものの，まだ解決に結びつきそうな考えを表明した生徒がいない段階で，【事例3】の対話の起点となった援助要請は〈解釈の確認〉であった。他者に考えとして提案できるほどの自信はないものの是非を確認してみるという，【事例1】や【事例2】と比べて具体的かつ焦点が絞られた要請内容であるといえる。一方で，【事例2】では下位目標が定められたうえでの証明方法に関する対話であったのに対し，【事例3】ではこの時点で下位目標として定められ，それをどのように実行するか，すなわち面積を計算するか，面積比で求めるかなどという目標設定はこの後各自に任されていた。この点で，問題解決の進行具合としては，必ずしも【事例2】より【事例3】の方が進んでいるとはいえないかもしれない。また，宏明のとった行動は，要請者である裕子に何も新しい情報を提供

してはいないという点で積極的な援助とは一見するとみえないといえるが，宏明が裕子の考えを受容して肯定しなければ，裕子は考えを捨ててしまい解決へ向かわなかったかもしれないことを考慮すると，この場面においては宏明が援助者として捉えられると同時に，援助者である宏明自身が裕子の援助要請を契機に，解決の方針を立てることができ，実際にその後自力で解答を得ることができたといえる。〈解釈の確認〉を契機に，要請対象者がその妥当性に気付き肯定することで，両者が解決に向かう様子がうかがえる。

2　できたと表明した他者との対話の特徴

　問題解決の取り組みが進む中で，解決の見通しが立ったことや解決できたことを表明する生徒が現れていた。それにしたがって徐々に，援助を必要とする生徒たちは具体的に他者の理解状態を知ろうとする内容の質問をしている様子がうかがえた。その援助要請の内容の違いから，他者の用いた解法を尋ねている【事例4】，他者の解法の意図を尋ねている【事例5】，数学の既習の内容を尋ねている【事例6】の対話を前項と同様に分析・考察した。以下に，詳細を記述する。

⑴　他者の用いた解法を尋ねるときの特徴

　Table 4-7 に示す【事例4】は，グループで課題2を取り組むよう指示があってそう間もなく模範解答の通りの解法で課題を終え，解決したことを宣言した大輔に，梨乃と久美がどのように解いたかを尋ねている場面である。

　大輔の「三角形にしたいわけ。わかる？」という説明に対し(31)，久美が「なんで？」と理由説明の要望をした(32)。大輔は「三角形にしたら，ここの中点をとってここを通せばいいんでしょ？」と，三角形をつくる利点を答え(33)，「ってしたときに，等積変形？を使って，この三角形を，ここに移動させようと思ったの。」と続けた(36)。すると久美と梨乃は，等積変形という方略に対して「は！？何言ってるの？」「ん？」と混乱を示した

(37, 38)。梨乃はひとまず説明に沿って三角形ができることを確認しつつ (41)，大輔のさらなる手続きの説明を受けていた (39, 42)。

　そこで久美が言葉を挟み，「ちょっといい？こことさ，ここ一緒じゃん。」，「ここがここと一緒なの？」と，同じ面積の図形がどこにあるかを確認しながら説明を要望した (43, 45)。注目する図形自体が正しいと大輔に肯定されると (46)，「なんで？」と理由説明を要望した (47)。大輔の「等積変形ってわからないかな？」という，久美の疑問内容の確認を経て (50)，久美が梨乃へそのまま「わかる？」と訊くと (51)，梨乃から「底辺が同じで高さが同じ。」と返ってきた (52)。そして大輔が問題の図形にあてはめて「これとこれの面積が同じなのはわかる？」，「それはなんで？」と問いかけると (53, 56)，梨乃が「あ，あ，本当だ！」と言い (57)，等積変形という方略と先ほど確認した三角形をつくる方針が結びついた。その後久美はさらに，大輔から図形内のどこを底辺と見てどこを高さと見るかという精緻化された説明を受け，「そっか。」と気付いた (60)。

　【事例4】において，久美はやや要請対象者への依存の傾向がうかがえるが，〈混乱の宣言〉，〈手続き教示の要望〉，〈具体的説明の要望〉，〈理由説明の要望〉，〈解釈の確認〉と，いずれかに偏ることなく援助要請している点では，分かったつもりにして終えることなく，1つ1つ疑問に感じたことを解消して進めていることがうかがえる。それによって要請対象者は，説明をより課題の図形に即して精緻化させ，わからなさの程度が異なった梨乃の理解も，久美の理解もそれぞれ進展している。どのように解いたかを〈具体的説明の要望〉などをしながら尋ねることで，その解法手続きと必要な知識の理解を進展させている様子がみられた。

(2)　他者の解法の意図を尋ねるときの特徴

　解法の意図がわかりにくい場合に，主に〈理由説明の要望〉をして，徐々に精緻化する説明を得て，解法意図への理解を進展させる様子がみられた。

Table 4-7　できたと表明した生徒へ用いた解法を尋ねる対話

【事例4】課題2の取り組み中，1人の生徒の解法が他の生徒へ共有される場面

梨乃	久美	大輔
		31. で，この四角形を，こういう風にね，この三角形の部分，これを三角形にしたいわけ。わかる？
	32. <u>なんで？〈理由説明の要望〉</u>	33. だって三角形にしたら，ここの中点をとってここを通せばいいんでしょ？
	34. うん。	
35. うん。		36. やり方楽じゃん。どうにかして三角形にしようと思ったわけ。ってしたときに，等積変形？を使って，この三角形を，ここに移動させようと思ったの。
	37. <u>は！？何言ってるの？〈混乱の宣言〉</u>	
38. <u>ん？〈混乱の宣言〉</u>		39. この三角形をこっち方面に移動させて，ずいずいずいってきて，ここに持って来たいわけ。で，ここに持ってくると，
40. ずいずいずい。		
41. あ，三角形できるね。		42. こういう大きな三角形ができるんだよ。ね？できたでしょ？で，あとは，この三角形のここの部分（Dが移動したx軸との交点），俺はEってやったんだけど，とここの部分，Bね，（BEの）中点，えー，ここね，ここX，で，あとは，AとX，AXの式を求めたら，
	43. <u>ちょっといい？ここ とき，ここ一緒じゃん。〈解釈の確認〉</u>	44. はい。はい。
	45. <u>ここと，え？ここがここ一緒なの？〈具体的説明の要望〉</u>	46. うん。
	47. <u>なんで？〈理由説明の要望〉</u>	48. なんで同じかってこと？
	49. うん。	50. えっとね，何て，どうやって言えばいいかな。等積変形ってわからないかな？
	51. <u>等積変形ってわかる？〈手続き教示の要望〉</u>	
52. 底辺が同じで高さが同じ。		53. これとこの面積が同じなのはわかる？
54. うん。		
	55. うん。	56. それはなんで？
57. あ，あ，本当だ！	58. 底辺と高さが一緒だから。	59. だよね。ここ底辺等しくて，ここ高さなの。ということは，こうしたときにここ共有し合ってるじゃん？この三角形とこの三角形で。だよね？で，共有し合ってるのは等しいでしょ？てことは，こことここ等しいっていうのはわかる？
	60. そっか。	

Table 4-8 の【事例5】は，課題1に対する隆之の解答を中心に，香織と奈々が質問を重ねる対話の抜粋である。Figure 4-4 に，x の増加量を a，y の増加量を b として課題解決を試みた隆之のノートの抜粋を示す[14]。

奈々が「なんでこっちはb分増えるの？」と理由説明を要望すると (57)，隆之から「どのくらい増えたか今はわからない。」と返ってきた (58)。そこで奈々は，「同じ数じゃないの？」と，自分の解釈を確認する質問に換言した (59)。奈々の疑問は等式の同値性と x，y それぞれの値の増加の区別がついていない点にあったが，この時点で隆之に伝わらなかった。

しばらくして，香織が「これはどんな意味を持つの？この式は。」と，立式の意図の具体的説明を要望した (111)。隆之の「とりあえず，x がどのくらいか増えたの。」という，手続きの順番通りの説明が再び始まったので (112)，奈々も「なんでそんなことわざわざするの？」と，香織に続き意図の説明を要望した (113)。隆之の説明は徐々に精緻化され，「この式から 2a 増えてるらしいじゃん。」と，式の見方を説明に加え始めた (116)。さらに香織が，「どの式から 2a 増えてるの？」と問題を焦点化して訊き直すと (117)，隆之の返事で，$y = 2x - 3$ の右辺と $y + b = 2x - 3 + 2a$ の右辺を比べ 2a 増えたことが指し示された (118)。そして，「2a＝b になるはずだから。そうしないと差が変わっちゃうから。同じ数を足してないと。」と，先の奈々の等式の同値性と混同した疑問に答えるように言葉が加えられた (121)。

その後，奈々は「2a＝bって何なの？」と念をおして尋ね (155)，隆之から「156. 左辺が，2a＋されてるわけじゃん。」と応答され，隆之の意図に納得した (157)。香織も「159. 最初の2行意味わからん。」と手続きに疑問を残しつつも，「$2x - 3 = y$ だけど，こっちに 2a 増えてるから y には b，OK。」と，隆之の意図に沿って理解を進展させた (161)。

---

14)　隆之の考えは表記法の点では完答でないが，増加量が任意の値をとるときに変化の割合が2で一定になる説明という意図の点では正しいといえる。

Table 4-8　できたと表明した生徒へ解法の意図を尋ねる対話

【事例5】課題1の取り組み中，1人の生徒の解法意図を共有する場面

香織	奈々	降之
		55. x が a 分増えたってわけ。
56. はいはい。		
	57. なんでこっちは b 分増える の？〈理由説明の要望〉	58. こっちはどのくらい増えた か今わからない。でも増えた のは確かだから，
	59. 同じ数じゃないの？〈解釈の 確認〉	60. 同じじゃないよ。
	61. 全然わからない。〈混乱の宣 言〉	
111. これはどんな意味を持つの？こ の式は。〈具体的説明の要望〉		
		112. とりあえず，x がどのくら いか増えたの。
	113. なんで？なんでそんなこと わざわざするの？〈理由説明の 要望〉（略）	
115. はい。		114. で，これを計算すると，
		116. $2x+2a-3$ になる。で，入 れ替えると，$2x-3+2a=$，こうなるじゃん。で，この式 から 2a 増えてるらしいじゃん。
117. どの式から 2a 増えてるの？〈具体的説明の要望〉		
119. あ，はい，増えてる。		118. こいつから。
	120. あれか，$2a=y+b$ ってこ と？〈解釈の確認〉	
		121. で，$2a=b$ になるはずだ から。そうしないと差が変わ っちゃうから。同じ数を足し てないと。それで，b が 2a に なるの。で，y に 2a 足したの。
123. 待って b はどこ行ったんだよ ー。	122. 待って待って待って，2a が b？	
	155. ねえ $2a=b$っていうのは，どこ，$2a=b$って何なの？〈具 体的説明の要望〉	
		156. この時点で，元の式の，違 う，左辺が，2a+されてるわ けじゃん。
	157. あ，あ，わかった。	
159. もう嫌だー。あ，はいはいは い！最後の2行わかった，めっち ゃ。最初の2行意味わからん。		158. で，同じだけ足さないと差 が変わっちゃうから，2a にな って…
161. $2x-3=y$ だけど，こっちに 2a 増えてるから y には b，OK。		160. なぜ最後だけ。

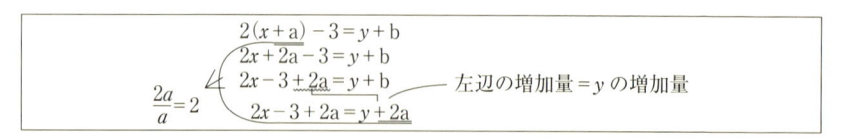

Figure 4-4　隆之のノート抜粋

　【事例5】における香織と奈々の援助要請は，〈理由説明の要望〉と〈具体的説明の要望〉である。香織と奈々にとって手続きと同時に，なぜ隆之がこの立式をしたかという意図の理解を重視していることがうかがえる。隆之には，(x, y) という任意の点から $(x+a, y+b)$ への移動が自明であるが，香織と奈々には点という認識はなく，文字式の手続き上の問題として困っている。香織と奈々の文字と立式の意図へ拘った説明を要望する援助要請により，座標への明確な言及はなかったものの任意においた増加量の関係式から 2a＝b が導かれ，変化の割合2を得られるという解法を巡って，隆之は式の見方を言語化することができ，香織と奈々は隆之の意図に沿って理解を進展させることができている。

(3)　既習の数学の内容を尋ねるときの特徴

　一度納得した様子をみせた後，振り返って自分の〈解釈の確認〉を丁寧にして，既習ながら曖昧になっていた数学の内容に対する理解を進展させる様子がみられた。Table 4-9 の【事例6】は，課題1を解決した譲と梓の説明に，恭子が一度納得を示しながら，立ち止まって尋ね直す場面である。

　恭子は，y の増加量を求める式の分子 $(2t-3)-(2s-3)$ が $2t-3-2s+3$ に展開されることがわからず，譲から説明を受けたところで，「待って。なんで括弧をつける必要があるの？」と新しい理由説明を要望した（228）。譲からの応答が保留されると，恭子は「234. 2t−3−2s−3ってこうしたらいけないの？」と同じ内容を換言して尋ね，解釈の確認をした。譲から「よくない。」と短く返されると（237），恭子はさらに「なんでいけないの？」

Table 4-9　できたと表明した生徒へ既習の数学の内容を尋ねる対話

【事例6】課題1の取り組み中，遡って疑問点を確認する場面

恭子	彰	梓	譲
228. ＋3になるのか。待って，なんで括弧をつける必要があるの？〈理由説明の要望〉	227. だからこれの一体どこに意味があるのかと。これは何の意味を示しているのか。		
230. だってさ，2t－3－		229. 変化の割合を求める。だから，割合が2になることを表す，んですよ。	231. こっちも括弧つけるべきなのかな。
234. －2，待って，もう1回書く。2t－3－2s－3ってこうしたらいけないの？〈解釈の確認〉	232. 何のためのsなの？これは。	233. そんなこと聞かないでよ。先生に聞けよ。	
239. なんでいけないの？〈理由説明の要望〉	235. 理由がわからない。	236. 知らないよ。	237. よくない。
241. わからなくなっちゃうから？〈解釈の確認〉	238. だからわかるけど，何なの？まあいいや。		240. この塊からこの塊を引くから，まず塊で区切っておかないと。
			242. これみたいに塊で引くから，ここが＋3になるのに，そのまま外しっぱなしで書いちゃうと－3に，えっと，何て言うんだろ。
		248. え，違う数だからだよ。こっちのy＝－3＋2tと，こっちのy＝－3＋2sっていうのは違う数じゃん？	249. うん，違っちゃうんだけど，違っちゃうっていうのは，
250. 違う数だけど，引くときはさ，たとえば普通の引き算，5－2だったらさ，5にいちいち括弧つけないじゃん〈解釈の確認〉			
			263. 1つ問題出す。1－1。1－1っていう数から，1－1を引く。とどうなる？
264. 1－1－1，え？			
	266. 上 2ts？違う？違う？	267. 全体的にわかってないでしょ。君。	265. 1から1を引いた数から，1から1を引いた数を引く。とどうなる？
269. そっか，先に計算するから括弧をつけるのか。	268. わかってるよ。		

と，理由説明を要望した（239）。譲から「この塊からこの塊を引くから」と，塊という言葉を用いた説明を受け（240），「わからなくなっちゃうから？」と後を引き取った（241）。譲が言葉を選んで停滞しかけた会話に入った梓から，「こっちの $y=-3+2t$ と，こっちの $y=-3+2s$ っていうのは違う数じゃん？」と，塊という言葉を2つの y の値であることを示した具体的な表現への換言による援助を受けた（248）。ここで当該課題の解決に必要な y の増加量の立式の手続きは確認されている。

　しかし恭子の疑問は留まらず，諦めなかった。「たとえば普通の引き算，5−2だったらさ，5にいちいち括弧つけないじゃん。」と，当該課題解決から拡張してどのような場合に括弧をつける必要があるのかを追究している（250）。$(2t-3)-(2s-3)$ だと括弧がなければ計算できず，5−2なら括弧がなくても計算できることを梓と確認していると，譲によって「265.1から1を引いた数から，1から1を引いた数を引く。とどうなる？」という，簡略な整数のみで $(2t-3)-(2s-3)$ と見た目の構造が揃った表現を提示された。そこで恭子は，「そっか，先に計算するから括弧をつけるのか。」と自分の言葉で表現し，納得した（269）。

　【事例6】において，恭子が行った援助要請は主に〈解釈の確認〉と〈理由説明の要望〉である。恭子にとって問題は，目前の課題解決もさることながら文字式の捉え方にあったとうかがえる。恭子には5−2が「普通の引き算」であり，文字が入った途端に式の構造が見えなくなっている。その自らが抱える数学の内容に対するわからなさを，恭子は簡略数による例を交えながら発信し続け，それによりその都度説明の仕方を変えた譲や梓の援助のおかげで，文字式での括弧の計算手続きとその意味について理解を進展させている。

第4節　総括的考察

　本章は，グループによる数学の問題解決プロセスにおいて，援助要請する内容に応じた相互作用の特徴や援助要請の機能を明らかにすることを目的とした。中学校2年生1学級での2回の授業におけるグループでの発話とノートから，援助を要請する対象者と要請内容を整理し，それぞれの対話における援助要請の質を検討した。その結果，以下の点が明らかになった。

　第1に，グループによる協働学習プロセスでは，課題を解決した生徒だけでなく，援助要請者と同じくまだ解決していない生徒に対しても援助要請することで，課題を解決する契機を得たり，互いの理解を進展させたりしている様子が明らかになった。【事例1】【事例2】【事例3】で，自分が何をしているかわからなかった将人も，自分がどこでつまずいているかわからなかった飛鳥も，思いつきの考えに意味があるかわからなかった裕子も，同様にまだできていない相手に援助要請をして援助を受けていた。要請を受けた梓，理恵，宏明もまた，それぞれ理解を進展させていた。グループという環境では，要請対象者も同じ学習者であり，必ずしも要請内容に応えられる相手であるとは限らない。また，課題を解決していない生徒同士で議論する時間が存在する。援助要請研究では，教師や理解が先に進んでいて解法や答えなど求める応答を返してくれそうな相手を援助要請対象者として想定する枠組みが暗黙に存在するといえる。相互作用の研究では，わかったことの説明行為を検討対象とするために，説明構築ができずにつまずく生徒の他者との関わりの様子が捨象されていた。しかし本章の事例から，グループによる協働学習において，自力解決できる生徒が必ずしもグループに属していなくても，生徒は常に互いに援助し合って学習していることが示された。

　第2に，事例を整理すると，Table 4-10のような援助の要請対象者によるグループ学習プロセスの特徴の相違が浮かび上がり，わからなさの内容が少

Table 4-10　要請対象者によるグループ学習プロセスの特徴の相違

視点	要請対象者					
	ほしい援助を持っているか 不明な他者			ほしい援助を持っていそうな他者		
要請内容	【事例1】 自分の 全くの わからなさ	【事例2】 自分の 考えの 破綻箇所	【事例3】 自分の 考えの 是非	【事例4】 他者の 用いた 解法	【事例5】 他者の 解法の 意図	【事例6】 既習の 数学の 内容
主な 援助要請 パターン	混乱の 宣言	誤り	解釈の 確認	偏りなし	理由 説明の 要望	解釈の 確認
要請 対象者 の行動	他者の 考えを 意味づけ	他者の 考えに 傾聴	他者の 考えを 肯定	説明の 精緻化	説明の 精緻化	説明の 精緻化
理解の 進展者	要請 対象者	両者	両者	援助 要請者	両者	援助 要請者

　しずつ異なることが明らかになった。Table 4-10は，2つの課題に取り組む全て別グループの事例であるという点では厳密さに欠けるが，概ねグループによる協働学習プロセスで生じうる時系列に沿って左から順に並んでいる。まず，できたと表明していない生徒への要請内容に着目すると，基本的に自分の考えのわからなさであり，そのわからなさの内容は，全くのわからなさか，考えの破綻箇所か，考えの是非で異なっていた。また主な援助要請パターンとしてみられた〈混乱の宣言〉，〈誤り〉は，問題を焦点化できていない援助要請である。精緻化された説明を受けるためには具体的な質問が望ましいとされるが（Webb, & Mastergeorge, 2003），それは要請対象者が既に課題を解決しているか，少なくとも要請者より理解が先に進んでいる生徒の場合である。わからなさを抱えた生徒同士の会話において援助要請は，たとえ焦点化されていなくてもわからなさを発信することで議論の進展が生じるという働きをしていることが示唆された。また，具体的に〈解釈の確認〉の援助

要請をした事例では，要請対象者の行動は援助要請者の考えの肯定であり，むしろ理解が飛躍的に進展したのは要請対象者の方である。要請対象者の理解の進展は他2事例でもみられ，これもわからなさを抱えた生徒同士における援助要請の特徴であることがうかがえた。

　一方のできたと表明した生徒に対する援助要請で始まる対話場面では，Webb ら（2003）が指摘していたように，具体的に質問する援助要請パターンや説明を精緻化させる要請対象者の行動がみられた。しかし，Webb らでは計算の1ステップに関する議論が分析対象であったため要請内容が検討されていなかったのに対し，本章では要請内容を検討することができ，その結果，他者の用いた解法，他者の解法の意図，既習の数学の内容で違いがみられた。以上より，グループにおける協働学習プロセスで交わされる発話内容は，誰の何に対するわからなさという点で捉えると多様であることがわかる。

　しかし，以下の課題が残されている。まず，発話に限定しない，援助要請に関わる動作の検討である。本研究ではわからなさを伝達するツールとしてノートの記述内容を分析の対象とした。しかし，ノートをどこに置きどのように注視したかという生徒の動作を追うことはできなかった。大学の講義ノートがグループの議論に影響を及ぼすことは視線の動きによって示されている（Sawyer, & Berson, 2004）。数学という，ことば以外に図や式という媒介物が重要である教科の学習において，ノートの果たす役割は大きいと考えられる。視線や指さしなどの動作を，グラフや図，文字式のどこに注目しどのように解釈しているかなど数学の学習に即して明らかにすることが望まれる。

　また，本章では同じ課題に取り組む複数のグループの問題解決プロセスを検討したが，同一グループ内の力動については検討できなかった。次章以降で同一グループが異なる条件のもとで学習する様相を検討する必要がある。

第Ⅲ部

課題の違いに応じたグループにおける相互作用の変動

第5章　課題の目的の違いに応じたグループでの
生徒の援助関係の変動

第1節　本章の目的

　本章の目的は，課題構造に応じた相互作用プロセスの変動を，生徒の援助
関係に着目して明らかにすることである。第4章では，グループにおける相
互作用について，問題解決の進行状況に応じた生徒間の関係性や，表出され
るわからなさの内容の質的な違いが明らかになったが，グループにおける生
徒間の相互作用を左右する要因は，問題解決の進行状況以外にも考えられる。

　課題の目的に応じて，生徒の相互作用における認知（Schraw, Dunkle, &
Bendixen, 1995；鈴木・邑本，2009）や発話の機能（一柳，2014）に違いが生じ
ることが指摘されている。しかし，援助要請の概念を視点としてグループの
相互作用を捉えた場合に，学業成績の向上に結びつく援助要請と援助の関係
が指摘されるにとどまり（Webb, Troper, & Fall, 1995; Webb, & Mastergeorge,
2003），課題や生徒個人の特性は考慮に入れられていない。

　課題の目的の違いは，生徒に求める認知プロセスの違いを生む。それはま
た，生徒にとって抱える困難さの違いを生む。抱える困難さによって，援助
の要請の仕方も異なると考えられるため，求められる認知プロセスの違いか
ら課題を分類し，援助要請の行為の特徴を検討する必要がある。

　第1章第1節の3項で言及したように，Sfard, & Kieran（2001）はペアの
相互作用プロセスにおいてどのような参加の仕方をとるかという生徒の個人
特性を指摘する。ただし，グループの中で生徒に求められる自分の役割が常
に固定的であるわけでなく，状況に応じてグループ学習する上での生徒の関

係性には変動が生じると考えられる。生徒の個人特性も考慮に入れるために特定のグループに焦点をあて，異なる条件下に置かれたときに関係性がどう変化するかを検討する必要がある。

　そこで本章では，対象グループを 1 グループに定め，生徒に求めている思考プロセスの違いという課題の目的に応じて，相互作用プロセスがどのように異なるか，またどのような特徴を持っているかを生徒の援助関係に着目して量的に検討する。

第 2 節　方法

1　分析対象

　本章で分析対象とするのは，第 2 期後半の11月 7 日〜11月17日に観察された， 1 次方程式および 1 次不等式の 6 時間× 1 グループの談話記録である。授業内容は第Ⅱ部第 3 章と同様である。 1 次方程式の 1 時間目で「方程式とは何か」，「方程式の解とは何か」が探究された。 2 時間目に，「方程式を解くとはどういうことか」が探究され， 1 つずつ代入して解を探すアプローチと，等式の性質を利用して解く方法の比較が行われた。 3 時間目に，移項の考え方が等式の性質から派生した解法であることが探究され，最後に方程式を解く問題演習が行われた。 1 次不等式の 1 時間目で「不等式とは何か」が探究された。 2 時間目から 3 時間目にかけて，方程式の場合と異なる大小関係に注意が向けられ，「不等式を解くとはどういうことか」が探究された。

　対象としたグループは，隆之，由佳，譲，真帆の 4 人グループである。学級全体で発言をしないものの，グループでは頻繁に「わからない」と言いながら発言をする真帆がおり，かつ極端に発言の少ない生徒がおらず， 4 人が発言量の観点では同等に議論に参加していることが観察され，学習における生徒間の関係が成立していると考えられたため，当該グループに焦点をあて

た。

2　分析の枠組み

(1)　発話のカテゴリー分け

　第2章第2節の2項で述べたように，Webb, & Mastergeorge（2003）の援助要請と援助のカテゴリーを参照した。本章における分析対象の課題に適すよう修正を加えた。援助要請のカテゴリーについては，第5章とほぼ同様である。異なる点は，問題を焦点化したうえで他者の説明を要望する発話を〈理由説明の要望〉にまとめている点である。したがって，〈混乱の宣言〉，〈手続き教示の要望〉，〈素朴な質問〉，〈理由説明の要望〉，〈解釈の確認〉，〈誤り〉の6種類に整理された。

　援助について，成績の向上する生徒としない生徒の援助要請の質の違いに着目していた Webb らと異なり，グループでの議論への参加の仕方に着目する本章の目的に照らし，大きく修正を施した。数の得方，数の意味のいずれかの要素に言及した数によってレベル5から8までに設定されていた高レベルの援助は，数学の水準に加え，援助要請者にとっての手がかりの水準を考慮し，〈意味の説明〉および〈問題点の整理〉として設定した。「数的表現や式」，「書き取るための数」を，手順や結果をそのまま言語化した援助として〈事実の説明〉とした。「計算結果や答え」は，要請者の質問に対する肯定や否定，あるいは単語，式，数のみの短い援助として〈短答〉とした。そして，内容に対する説明はされていないが，援助しようと要請者の理解状態を把握しようと問いかける発話を援助と捉え，〈問い直し〉として設定した。さらに，「解法に関する情報なし」を〈無関連の応答〉とし，「応答なし」は発話の連鎖がなく，生徒の援助要請と援助の関係性が成立していないため，カテゴリーとしてカウントしないこととした。この通り，6種類が生成された。

　援助要請および援助のそれぞれの種類の定義，発言例および事例中の表記

法を Table 5-1，Table 5-2 に示す。談話記録から援助要請と援助にあたる発言を抽出し，表に記したように援助要請は下線，援助は英字で印をつけ，分類した。なお，下線および英字による印は，本章では分類の手続きにのみ用いたが，続く第6章においては記述による質的検討のために事例中の表記として用いた。

⑵　事例の抽出

　続いて，事例を抽出した。援助要請を起点として相互作用を捉えるという本研究の枠組みに照らし，新しい論点を提出している援助要請を事例の開始とし，納得の発言または別の論点を提出する援助要請の出現までを1事例とした。援助要請の種類が修正されても論点が変わっていなければ1事例と数え，分析対象とした授業6時間分で42事例が抽出された。つまり本章において，事例数は生徒が実際に課題から導き論じた話題の多様性を表す。Table

Table 5-1　援助要請カテゴリー

カテゴリー	定義	発言例と表記法
混乱の宣言	わからないという状態を伝える発言	「②番〔$7x = 5x - 6$〕どうしていいのかわからない。」
手続き教示の要望	問題を焦点化できない状態で進め方を質問する発言	「ねえねえ，こう〔$-x = 8$〕なっちゃったんだけど，どうすればいい？」
素朴な質問	課題の目的に沿わず既習内容への疑問点を尋ねる発言	「ねえ2個同時に移項することってできる？」
理由説明の要望	問題を焦点化した上でなぜかを問う発言	「思ったんだけど，なんで途中から分数になるの？」
解釈の確認	問題や説明に対する解釈を述べて確認する発言	「あ，こことここでかけて3で割ってるからこっちも割れってこと？」
誤り	説明を要請する形をとらないが第三者からみて援助の余地がある発言	「$x \geq$ かわからないけど$x = -\dfrac{13}{2}$が成り立つならこれでいいじゃん。」

Table 5-2　援助カテゴリー

カテゴリー	定義	発言例と表記法
意味の説明	手順だけでなく意味について言及した発言	「違う。違う。こいつの向きが変わる。大小関係が逆転する。：a」
問題点の整理	言葉を補足して相手の理解の不十分点を明確にさせる発言	「そう。つまり -2，あの場合ね，負で割ったらなぜ逆になるかっていう。：b」
事実の説明	手順や結果をそのまま言葉にした発言	「$-\dfrac{13}{2}$ を代入するとただね，見事にピッタリになる。＝になっちゃう。：c」
短答	肯定や否定，または単語，式，数のみの短い発言	「$(-1)=8\times(-1)$。$x=-8$。：d」
問い直し	説明はないが援助すべく相手の理解状態を把握しようと質問する発言	「それをどうやって表すの？$x=$ どうなるの？：e」
無関連の応答	正しくない説明や要請内容に対して意味をなさない発言	「大分無理やりだよね。：f」

Table 5-3　授業ごとの事例数

	11/7	11/9	11/10	11/14	11/16	11/17	計
事例数	5	8	11	3	12	3	42

5-3 は，42事例の授業ごとの内訳である。授業ごとにばらつきはあるものの，対象グループにおいては毎回の授業で生徒の問いを発端とした議論がなされていたことがわかる。

(3)　課題の分類

　授業で教師によって提示された課題を，その目的の違いから《解決志向課題》と《意味理解志向課題》に分けた。《解決志向課題》は，学級全体で解説された後や問題演習として提示され，生徒が正しく答えを得ることが目指された課題である。問題を解きながらわからないことがあれば，グループで

Table 5-4　課題の分類

課題の目的	課題数	事例数	課題例
解決志向	4	18	$60x + 10 = 1390, \quad 6 = 3x + 9$ を等式の性質を使って解く
意味理解志向	8	24	$6x - 12 \geqq 8x + 1$ の答えが $x \geqq -\frac{13}{2}$ でいいか考える

Table 5-5　課題の目的別の授業ごとの課題数および事例数

		11/7	11/9	11/10	11/14	11/16	11/17	計
課題数	解決志向	0	1	2	1	0	0	4
	意味理解志向	3	1	0	0	3	1	8
事例数	解決志向	0	4	11	3	0	0	18
	意味理解志向	5	4	0	0	12	3	24

相談するように指示されていた。一方の《意味理解志向課題》は，学級全体で解説される前に提示されることが多く，生徒が数学における定義や性質に立ち戻りながら，なぜその解き方がよいのかを相互に探究することが目指されていた。

　Table 5-4 は 6 時間の授業で提示された課題を目的別に分類した際の課題数と事例数の合計を，Table 5-5 はさらに目的別の授業ごとの課題数および事例数の内訳を示したものである。方程式とは何かという定義を問う 7 日や，不等式を解くということが方程式を解く場合とどのように異なるかを考える 16 日，17 日は意味理解志向課題のみが扱われていた。方程式の解き方の比較が探究された 9 日は各課題が 1 つずつで，移項の解き方が確認され問題演習が行われた10日，その流れのまま方程式では解くことができない文章題から不等式を立式することが求められた14日では解決志向課題のみが扱われていた。授業内容によっていずれの課題が扱われることが多いかという違いが生じていることがわかる。ただし，観察した方程式と不等式の単元ごとの授業

3回ずつを比較すれば，偏りはあるもののどちらの単元においても両課題が扱われていることもまたうかがえる。

　以上の視点を用いて，次節では，第1に各課題に取り組むグループの議論がどのような特徴をもった内容であるか，42事例の内，援助要請に対する応答がなかった2事例を除いた40事例の議論内容を分類し，それを課題の目的別に比較することで検討する。第2に，グループの相互作用における生徒の援助関係を明らかにするために，課題の目的別の援助要請と援助の比率，およびそれぞれの種類の出現率から，生徒の援助関係の変動を検討する。第3に，生徒の個人特性に着目し，各課題に取り組む4人の生徒がそれぞれどのような参加スタイルをとっていたか，援助要請・援助の種類の比率から検討する。

第3節　結果と考察

1　議論内容の特徴の違い

　得られた40事例がどのような議論内容であったかに着目すると，［手続き教示型］，［知識伝達型］，［検証型］，［解釈型］の4タイプに帰納的に分類された。［手続き教示型］は，手続きの説明に終始しているタイプ（「$0=3x$…なんでなんで？」→「だからこっちに$-3x$を。」），［知識伝達型］は，援助要請に対して答えを知っている者が事実を伝える形に終始しているタイプ（「2個同時に移項することってできる？」→「変わらない。最後には。」），［検証型］は，操作をしながら正当性を確かめるタイプ（「-7を代入してみればいいんでしょ？」→「何をするために-7にするの？」），［解釈型］は，これまでの議論や問いを振り返って考えるタイプ（「だから不等号がおかしいって意味になったんでしょ？」→「正確には逆だけどね。」）であった。

　Table 5-6は40事例から導かれたその議論内容のタイプが，課題の目的別

Table 5-6　課題の目的別の議論内容のタイプ（比率：%）

課題の目的	手続き教示型	知識伝達型	検証型	解釈型	小計
解決志向	9(50.0)	8(44.4)	1 (5.6)	0 (0.0)	18(100)
意味理解志向	4(18.2)	2 (9.1)	11(50.0)	5(22.7)	22(100)

にどのように現れていたかを示したものである。《解決志向課題》の事例では，［手続き教示型］が50.0%，［知識伝達型］が44.4%で比率が高く，《意味理解志向課題》の事例では，［検証型］が50.0%で比率が高い。ただしこの結果は，《解決志向課題》では意味を考えてはいけない，あるいは《意味理解志向課題》では手続きを教え込んではいけないということを表すのではない。ここから示唆されることは，《解決志向課題》に取り組む際は，該当の問題を解ける生徒が解けない生徒に教えるという関係の談話が生じる傾向が強く，一方《意味理解志向課題》に取り組む際は，自分たちのこれまでの思考や問いを話題として探究する協働的な関係の談話が生じているということである。課題の目的に応じてグループ学習における生徒の議論内容が左右されることが示された。

2　援助要請・援助の種類の違い

　課題の目的別に，グループの相互作用の中でみられた援助要請および援助の種類がどのように異なるかを検討した。Table 5-7 に援助要請の種類，Table 5-8 に援助の種類を示す。

Table 5-7　課題の目的別の援助要請の種類内訳（比率：%）

課題の目的	混乱の宣言	手続き教示の要望	素朴な質問	理由説明の要望	解釈の確認	誤り	計
解決	18(29.0)	7(11.3)	11(17.7)	11(17.7)	7(11.3)	8(13.0)	62(100)
意味理解	24(15.5)	9 (5.8)	17(11.0)	17(11.0)	30(19.4)	58(37.4)	155(100)

Table 5-8　課題の目的別の援助の種類内訳（比率：%）

課題の目的	意味の説明	問題点の整理	事実の説明	短答	問い直し	無関連の応答	計
解決	0(0.0)	1 (1.2)	17(20.7)	44(53.7)	9(11.0)	11(13.4)	82(100)
意味理解	10(5.0)	23(11.5)	46(23.0)	59(29.5)	32(16.0)	30(15.0)	200(100)

　まず，Table 5-7 と Table 5-8 の合計数に着目し，このグループの6時間の議論においてそれぞれの課題に取り組む際にみられた援助要請数と援助数の合計を100%とすると，《解決志向課題》の際には援助要請数62で43.1%，援助数82で57.0%，《意味理解志向課題》の際には援助要請数155で43.7%，援助数200で56.3%である。したがって，課題の目的に応じて援助要請と援助の比率はほぼ変わっておらず，相互作用における援助関係のバランスには変動がないということがわかる。

　次に，Table 5-7 の援助要請の各種類の比率に着目すると，《解決志向課題》の際には〈混乱の宣言〉が29.0%，《意味理解志向課題》の際には〈誤り〉が37.4%と高い。また，Table 5-8 の援助の各種類の比率に着目すると，《解決志向課題》の際には〈短答〉が53.7%と高い。そして，《意味理解志向課題》の際には，比率のみに着目するとやはり〈短答〉が29.5%と高い傾向にあるが，《解決志向課題》における比率と比べると低く，ほとんど出現していなかった〈意味の説明〉や〈問題点の整理〉が5.0%，11.5%といえ《意味理解志向課題》で出現している点が，違いとして顕著である。

　このことから，《解決志向課題》に取り組む際には，わからないと明確に宣言したうえでどのような援助がほしいかが表明され，その答えとなるような返事によって教えられるような生徒の関係が生じやすく，一方の《意味理解志向課題》に取り組む際には，わかっていないことを誤りによって表出したうえでどのような援助がほしいかが表明され，場合によっては答えとなる返事をして終わらず，考えるべき点が整理されたり，背景となる意味が説明

されたりするような探究的な生徒の関係が生じていることが推察される。

3　生徒の援助要請・援助バランスおよびパターンの違い

　生徒の個人特性に着目して参加スタイルを明らかにするために，まず，4人の生徒の援助要請と援助のバランスを検討した。Table 5-9 において，援助要請と援助の比率が高かった方に着目すると，隆之は援助89.2%，由佳は援助要請85.0%，譲は援助99.4%，真帆は援助要請98.6%であった。ここから，4人のグループ議論は，真帆と由佳が必要とする援助に対して譲と隆之が応答する形式で進むのが，全般的な特徴であったことがうかがえる。

　続いて，4人の援助要請と援助の比率について，課題の目的別に比率が高かった方に着目すると，隆之は《解決志向課題》の際には援助100%，《意味理解志向課題》の際には援助81.4%であった。由佳は《解決志向課題》の際には援助要請87.5%，《意味理解志向課題》の際でも援助要請84.7%であった

Table 5-9　生徒毎の課題の目的別による援助要請と援助の内訳（比率：%）

	課題の目的		援助要請数	援助数	計
隆之	解決志向		0 (0)	50(100)	50(100)
	意味理解志向		13(18.6)	57(81.4)	70(100)
		計	13(10.8)	107(89.2)	120(100)
由佳	解決志向		7(87.5)	1(12.5)	8(100)
	意味理解志向		61(84.7)	11(15.3)	72(100)
		計	68(85.0)	12(15.0)	80(100)
譲	解決志向		0 (0)	31(100)	31(100)
	意味理解志向		1 (0.8)	130(99.2)	131(100)
		計	1 (0.6)	161(99.4)	162(100)
真帆	解決志向		55(100)	0 (0)	55(100)
	意味理解志向		80(97.6)	2 (2.4)	82(100)
		計	135(98.6)	2 (1.4)	137(100)

が，《解決志向課題》の際には発言数自体が明らかに少なかった。譲は《解決志向課題》の際には援助100％，《意味理解志向課題》の際でも援助98.5％であった。真帆は《解決志向課題》の際には援助要請100％，《意味理解志向課題》のせいでも援助要請97.6％であった。

　真帆と譲は両課題で援助要請と援助のバランスが変わらないのに対し，隆之と由佳は援助要請と援助のバランスや発言量が変わっていると読み取れ，課題の目的に応じてグループ学習への参加の仕方が左右されていることがうかがえる。生徒の参加スタイルは個人特性や教科の違い，第3章で明らかにした理解状況の違いに加え，グループでの議論場面の中でも何を目的とした課題設定とするかによっても変化があることが示されたといえる。

　さらに，誰がどのような援助要請と援助を行っていたかを明らかにするため，上述した通り，対象グループでそれぞれの比率が高かった真帆と由佳，および隆之と譲の2人ずつの種類で検討した。

　Table 5-10は由佳と真帆の援助要請の種類を整理したものである。《解決志向課題》に取り組む際の援助要請は真帆の発言に占められ，〈混乱の宣言〉が29.1％と高く，〈手続き教示の要望〉は9.1％と低い。また，《意味理解志向課題》に取り組む際では，由佳31.1％，真帆40.7％と共通して〈誤り〉の比率が高い。2人の違いとしては，由佳は〈解釈の確認〉が26.2％で高いのに対し，真帆は〈混乱の宣言〉18.5％，〈素朴な質問〉12.3％，〈解釈の確認〉16.0％と同程度である。

Table 5-10　援助要請の種類の内訳（比率：％）

	課題の目的	混乱の宣言	手続き教示の要望	素朴な質問	理由説明の要望	解釈の確認	誤り	計
由佳	解決	2(28.6)	2(28.6)	0 (0.0)	3(42.9)	0 (0.0)	0 (0.0)	7(100)
	意味理解	9(14.8)	4(6.6)	7(11.5)	6 (9.8)	16(26.2)	19(31.1)	61(100)
真帆	解決	16(29.1)	5(9.1)	11(20.0)	8(14.5)	7(12.7)	8(14.5)	55(100)
	意味理解	14(17.5)	3(3.8)	10(12.5)	7 (8.8)	13(16.3)	33(41.3)	80(100)

　このことから，由佳は《解決志向課題》に取り組む際には発言の形式であまり参加しないが，《意味理解志向課題》に取り組む際では，質問の形式で自分の考えを正誤にかかわらず述べて説明を受けることによって参加していることがうかがえる。さらに，自分が腑に落ちると今度は援助側の役割も担うといった学習スタイルでグループ学習に参加していると考えられる。一方の真帆は，課題の目的にかかわらず，常にわからないと言うものの答えを問うのではなく，具体的な疑問や正誤にかかわらずその時点での考えをグループの誰かに伝えることによって，グループ学習に参加していることが読み取れる。そしてグループでは議論の方向性を決める中心的な役割を担いつつ，他者からの説明を受け取って再考する学習のスタイルをとっていると考えられる。

　同様に，隆之と譲の援助の種類を整理したのが Table 5-11である。《解決志向課題》の際に，隆之50.0%，譲61.2%と〈短答〉の比率が高いことは2人に共通している。2人の違いとしては，《解決志向課題》の際では隆之の〈問い直し〉が16.0%と高く，《意味理解志向課題》の際では〈意味の説明〉，〈問題点の整理〉が譲の発言に占められている。また，〈事実の説明〉が隆之は《解決志向課題》の際の方が高いのに対し，譲は《意味理解志向課題》の際の方が高い。

　このことから，隆之は《解決志向課題》に取り組む際には，必要とされている援助が何であるかをよく聴き，相手の考えの正誤や答えを教えてあげら

Table 5-11　援助の種類の内訳（比率：%）

	課題の目的	意味の説明	問題点の整理	事実の説明	短答	問い直し	無関連の応答	計
隆之	解決	0(0.0)	0 (0.0)	11(22.0)	25(50.0)	8(16.0)	6(12.0)	50(100)
	意味理解	0(0.0)	1 (1.8)	9(15.8)	20(35.1)	13(22.9)	14(24.6)	57(100)
譲	解決	0(0.0)	1 (3.2)	5(16.1)	19(61.2)	1 (3.2)	5(16.1)	31(100)
	意味理解	10(7.7)	19(14.7)	35(27.0)	37(28.5)	15(11.5)	14(10.8)	130(100)

れる役割を担うが，《意味理解志向課題》に取り組む際には，援助要請者の問いに耳を傾ける姿勢は保ちつつ，自分自身も議論の中から説明を拾って学習するスタイルをとっていることが読み取れる。一方，譲はいずれの場合にも，必要とされた援助に対して応答する役割を担ってグループ学習に参加していることがわかる。そして時に，相手への説明の仕方や自分の認識の不十分さに気付くと，式の意味や論点を整理することを通して学習するスタイルをとっていることもうかがえる。

　以上のように4人の生徒それぞれが各課題で援助要請と援助のパターンを変えたり変えなかったりしていることから，グループ学習における生徒の関係が固定された援助者−被援助者の構図におさまらず，課題の目的に応じてダイナミックに両者の関係は変化することが明らかになったといえる。

第4節　総括的考察

　本章では，課題の目的の違いに応じたグループの相互作用プロセスの変動を，生徒の援助関係に着目して明らかにすることを目的として，授業において教師に提示された課題を目的の違いから2つの分類し，それぞれの課題に取り組む際の1つのグループにおける相互作用を，議論される内容，援助要請と援助の種類の出現パターン，そして生徒それぞれの援助要請と援助のバランスとパターンを，カテゴリーに基づく量的分析によって検討した。その結果，以下の知見が得られた。

　第1に，《解決志向課題》と《意味理解志向課題》に取り組む際とで，グループ学習における議論内容の傾向が異なっていた。《解決志向課題》に取り組む場合には，該当の問題を解けた生徒が解けない生徒に対して，知識を伝えたり解き方を教えたりする談話が生じやすかった。これは，Webb, & Mastergeorge（2003）で検討された談話に近いといえる。一方で，《意味理解志向課題》に取り組む場合には，正しい知識やルールが話されるよりも，

自分たちのこれまでの思考や問いを話題として探究する協働的な談話が生じていた。この談話は，Yackel, Cobb, & Wood（1991）が描いていたような，同一問題に対する多様な解き方を話題として，その解き方の意味を相互構築する教室談話と類似していると考えられる。Cobbらは，違う解き方を話題とする規範の生成と，それが10の概念の理解の促進につながったことを論じている。数学の概念的理解の観点から，生徒たち自らの思考と問いを一般化・抽象化の方向へどのように発展させていけるかを考える必要がある。生徒の議論内容が異なることはすなわち，生徒が数学のどのような側面を学習するかの違いを表す。したがって，理解を深める協働学習をデザインするうえで，目的に照らして課題の提示の仕方を工夫することの意義がより明確にされたといえる。

第2に，《解決志向課題》に取り組む際と《意味理解志向課題》に取り組む際とで，頻出する援助要請や援助の種類が異なっていた。《解決志向課題》の場合には，〈混乱の宣言〉の援助要請と〈短答〉の援助が多く，《意味理解志向課題》の場合には〈誤り〉の援助要請が多く，〈意味の説明〉や〈問題点の整理〉の援助が出現しているという違いから，課題のデザインによって，グループでの生徒の相互作用におけるメカニズムが異なることがわかる。たとえば，課題遂行役の提案と，それに対するモニター役の解釈とが役割交替をすることで問題解決が進行するメカニズムを明らかにされているが（Miyake, 1986; Shirouzu, Miyake, & Masukawa, 2002），本章では相互作用を援助要請者の援助の必要性の表出と，それに対する援助者の援助と捉えており，援助の必要性の表出の種類が異なれば，援助の種類も異なって，メカニズムが変わるといえる。言い換えれば，議論の進行のされ方が課題によって変わっていることが示唆されている。これは上述した議論の内容の違いとしても反映されていると推察されるため，より詳しく議論の進行の様相を検討し，援助要請や援助の行為の機能について知見を深める必要がある。

第3に，生徒のグループでの議論への参加の仕方が課題の目的に応じて変

わっていることが，4 人の生徒個々の援助要請と援助のバランスやパターンの変動から明らかになった。また，グループにおける生徒の役割の変動も明らかになった。目的の異なる課題を分析の対象とすることによって，同一グループ内でも援助者と被援助者として分化される固定的な役割だけでなく，援助と被援助を行き来する隆之，発言量が増え被援助から援助へ移る由佳，援助内容を柔軟に変える譲，自らの考えやグループの問いを振り返って議論の方向性を決定づける真帆のような，多様な役割が示された。課題の設定を変えることで，ある場面では非発言者となり，またある場面では援助を必要とする者となる生徒が，談話への参加する契機となりうることが示唆された。

　本章の課題は，1 グループの学習過程の検討に留まり，グループ間の差異とグループ内の関係性を支える他の要因を検討していないことである。課題の目的に応じて生徒が援助要請と援助のバランスやパターンを変えながら学習へ参加する過程は描かれた。しかし，今回描かれた生徒の学習過程は，課題の目的の違いだけによらず，グループにいる生徒の違いによっても変わる可能性がある。属するグループによって援助関係に滞りが生じるならば，その要因を探り，教師の支援を検討する必要が残されている。

　また，援助要請と援助の出現率によるバランスの力動は明らかになったものの，それらがどのように絡み合って数学の学習をしていたか，そのプロセスの中身は検討していない。したがって，次章では議論されていた内容に基づいて発話の連鎖をより詳しく質的に検討することとする。

第6章　議論内容の違いに応じたグループにおける援助要請の意味

第1節　本章の目的

　第5章では，課題の目的の違いに応じたグループの相互作用における生徒の援助関係の変動を，カテゴリー分類に基づいた量的な分析により検討した。本章では，その相互作用プロセスをさらに精緻に検討するため，グループで議論される内容に応じて変化する相互作用プロセスの中で，生徒の援助要請の行為がどのような意味を持っているかを質的に明らかにすることを目的とする。

　第1章第1節では，自分の混乱を認めて告白し，具体的に説明してもらうよう求め，その際には納得するまでパターンを修正しながら諦めずに援助要請を続け，さらに，説明を受けたらそれを自分の課題に適用してみるという行為が成績の向上に結び付くことが示されているものの（Webb, & Mastergeorge, 2003），それは問題解決のごく一部のステップにおける検討であることを指摘した。したがって，何がどのように議論されているかという相互作用のプロセスはまだ十分に検討されているとはいえず，話題とされる内容に応じて検討する必要がある。第5章では，課題の目的の違いに応じて，頻出する援助要請と援助の種類が異なることから，議論の進行のされ方に変動があることが示された。ただし課題として，それぞれの議論の進行の仕方において，援助要請が数学の理解のどのような側面に対してどのような意味を持つか，議論される内容に特化して明らかにされているわけではない。

　そこで本章では，議論内容ごとのグループの相互作用を比較することを通

して，援助要請の質の違いを内容と関連付けて検討し，数学の議論内容に沿った援助要請の持つ意味を明らかにする。

第2節　方法

1　分析対象

本章で分析対象とするのは，第5章と同様に，第2期後半の11月7日〜11月17日に観察された，隆之，由佳，譲，真帆の4人グループの1次方程式および1次不等式の6時間分の談話記録である。

2　分析の枠組み

議論の内容に応じた援助要請の質の違いを検討するため，第5章において対象グループの6時間の議論の中から帰納的に導出された4種類の形式の議論内容，［手続き教示型］，［知識伝達型］，［検証型］，［解釈型］を分析の枠組みとして用いる。それぞれの定義を整理したものを Table 6-1 に示す。また，事例の抽出や援助要請や援助の行為も，第5章で用いたカテゴリー（Table 5-1，5-2）に基づく分類をそのまま用いる。

次節では，それぞれの議論内容における援助要請の機能の違いを明らかにするために，［手続き教示型］，［知識伝達型］，［検証型］，［解釈型］から代

Table 6-1　当該グループでみられた議論内容のタイプの分類
（事例数は Table 5-6 を参照）

種類	定義	事例数
手続き教示型	手続きを1つずつ教えている	13
知識伝達型	答えを知っている者が援助要請者に事実を伝えている	10
検証型	操作をしながら正当性を確かめている	12
解釈型	これまでの議論や問いを振り返って考えている	5

表的な事例を1つずつ，記述によって質的に相互作用にみられた生徒の援助関係の特徴を検討する。その際，解法の意味を考えることが数学であるとする対象学級で目指される学習の目標に照らし，精緻な援助を受けて数学の意味が探究される契機を得た援助要請の行為と，そうではない援助要請の行為との質の違いを，議論の内容を考慮して明らかにするため，精緻な援助がなされたときと精緻な援助がなされなかったときの2つの場合を比較する形をとる。

　ここでいう精緻な援助というのは，手順や結果を答えるのみならず，その背景にあたる数学の意味へ明確に言及した説明のことを指し，第5章のTable 5-2で示した援助の種類の中の〈意味の説明〉にあたるものとする。したがって，事例中に精緻な援助がなされたこととグループ内で数学の意味を考えたこととは必ずしも同義ではない。初めから精緻な援助が与えられる可能性も，援助が徐々に精緻化される可能性も考えられ，また援助があったとしてもそれを尋ねた側がどのような受け取り方をするかによっても相互作用は変わる。しかし，精緻な援助は数学の意味を探究するうえで契機となりうることから，精緻な援助の有無の両事例を詳細に検討する意義があると考えられる。

　事例を議論内容ごとに分類すると，このグループにおいて事例中に精緻な援助がなされたのは7事例で，［検証型］の議論内容で5事例，［解釈型］の議論内容で2事例という内訳となった。したがって，精緻な援助がなされなかった場合として［手続き教示型］，［知識伝達型］の代表事例を，精緻な援助がなされた場合として［検証型］，［解釈型］の代表事例を検討する。

　なお，事例中の表記に関して，下線は援助要請を，英字は援助を示し，その種類はTable 5-1，5-2にしたがった。太字は事例の開始とした新しい論点を出している援助要請である。

第3節　結果と考察

1　精緻な援助がなされなかった場合の相互作用の特徴

　手続きの質問に対して尋ねられた者が教えるという［手続き教示型］や，疑問に対してその答えを知っている者が答えを教えるという［知識伝達型］の対話では，同じ要請内容に対して援助要請が精緻化されることも，援助が精緻化されることもなく，1つの要請内容に対してすぐに応答があり，次の要請内容へと移るという切り替えの多い援助関係がみられた。

　以下で，そのような関係がみられた11月10日の［手続き教示型］と［知識伝達型］の事例を1つずつ示す。これらの事例は，方程式や方程式を解くことの意味について一通り探究したうえで，授業の最後に，わからない場合はグループで相談するように指示されながら，グループの机配置で教科書の問題演習をしている場面である。$-2x=3-x$ で手続きにつまずいたときの対話が【事例1】，そのしばらく後に $1+2(x-4)=3$ で不意に手続きに疑問を覚えたときの対話が【事例2】である。

⑴　手続き教示型の議論内容での特徴

　Table 6-2 に示した【事例1】は，方程式 $-2x=3-x$ に対して，文字式の計算と混同した真帆が $-2x-x$ の計算をしようと誤った着手をしたところから始まる。真帆が，「$-2x-x$ がよくわからない。$-2x$ から $-x$ を引くの？」という〈混乱の宣言〉をすると（384），譲は「違う，$-x$ じゃない。x を引くの。」と，すぐさま真帆の $-2x-x$ に対しては正しい返事となる〈短答〉をしている（385）。ただしこの対話のターンは，譲の意識が次の問題④へと移り，一度これで終わったとみられる。

　しかし，すぐに再び譲の目にとまり，$-2x-x$ を真帆の移項後の左辺の式

だと思った譲は，「これこっちに移項したら符号が＋になる。」と，移項の失敗としてその間違いを指摘している (387)。ところが真帆は会話の食い違いに気づくことなく，「移項したらどうなるの？ ＋xになるの？」と，譲の指摘にそのまま素朴に疑問で返している (388)。真帆が既に移項を済ませていると思っていた譲は，既に次の手続きに意識を移しており，移項後の左辺の $-2x+x$ の計算の〈事実の説明〉として，「$-x$ になる。$2x$ っていうのは $x+x$ ってことだから。」と言葉をかけている (389)。この対話のターンも，真帆の移項に対するそれ以上の援助要請はないことから，ここで区切りがあると捉えられる。

　譲の手続き教示によって $-x=3$ が得られると，真帆はかける数を 1 か-1 かを明確にしないまま「どうしよう。」と〈混乱の宣言〉をしている (390)。そして譲が「そう-1 をかけると。ね。」と，正解を〈短答〉し (391)，真帆の $-2x=3-x$ への取り組みはここで終わっている。

　そこに，今度は由佳が「$-x$ になるの？それ。足したら。あ，そうなの？」と，$-2x+x$ の部分に対する〈理由説明の要望〉をしている (392)。それに対し，隆之が「$-x$ が 2 つだから。」と (393)，譲が「$2x$ が $x+x$ だから」と (394)，それぞれの表現で説明をし，$-2x=3-x$ の事例の終了を迎えている。

　このように，$-2x=3-x$ を解く一連の式変形過程という話題の中で，$-2x-x$ の疑問に関する譲と真帆の対話ターン (384〜387)，$-x$ の移項の疑問に関する譲と真帆の対話ターン (388〜389)，$-x=3$ の式変形の疑問に関する譲と真帆の対話ターン (390〜391)，$-2x+x$ の計算の疑問に対する隆之と由佳と譲の対話ターン (392〜396) に細かく区切られ，それぞれ一問一答の援助関係にあることがみえてくる。1 つ 1 つの手続きが援助要請者にとって理解されたのかが定かではない程，短いターンで援助要請と援助の組み合わせが切り替えられて出現していた。この事例においては特に，与えられた時間の中で複数の問題を解く必要があったという課題の志向性が影響してい

Table 6-2　［手続き教示型］における援助要請と援助の関係

【事例1】問題演習で $-2x=3-x$ に差しかかり，1つずつの手続きにつまずく場面

隆之	由佳	讓	真帆
			384.　ねえ $-2x-x$ がよくわからない。$-2x$ から $-x$ を引くの？
		385.　違う，$-x$ じゃない。x を引くの。$+x$ を引くの。；d	
		387.　④番の式俺も写そう。いや，待て。これこっちに移項したら符号が $+$ になる。	386.　あ，そっか。移項したんだ。
		389.　$-x$ になる。$2x$っていうのは $x+x$ってことだから。；c	388.　移項したらどうなる？$+x$ になるの？これ。
		391.　そう -1 をかけると。ね。；d	390.　どうしよう。1かける。-1 を。
	392.　どうなった？$-x$ になるの？それ。足したら。あ，そうなの？		
393.　$-x$ が2あるんだもん。$-x$ が2つだから。；c		394.　そう。え，$2x$ が $x+x$ だから，マイナスになって。；c	
	395.　2つ？		
396.　まあどっちでもいいや。			

　ることも推察されるが，援助要請が何かの理解を深めるためにではなく，答えを得る手段としての意味を持っていたことがうかがえる。

(2)　知識伝達型の議論内容での特徴

　Table 6-3 に示したのは，$1+2(x-4)=3$ という式を展開すると定数項が左辺に2つになる問題に取り組む際に発せられた〈素朴な疑問〉に端を発する【事例2】である。この場面までにも数回，複数の移項が必要な問題を解く場面があったが，真帆はこのときに唐突に「2個同時に移項することって

Table 6-3　［知識伝達型］における援助要請と援助の関係

隆之　由佳	讓	真帆
【事例2】問題演習で$1+2(x-4)=3$に差しかかり，同時に移項することについて疑問をもった場面		
	405.　あのね，これはね，分配する。; f	404.　ねえ2個同時に移項することってできる？
		406.　そうだよ？やったけど。そしたら，これとこれを同時にこっちに持ってこれる？
	407.　いいんだよ。だって順番にやっても同時にやってもあんまり，同じじゃん？; d	408.　変わらない？
	409.　変わらない。最後には。; d	410.　そっか。

できる？」と，式の具体的な値には言及せずに質問をしている（404）。讓の1回目の返事は，$2(x-4)$の部分の解説という，真帆の関心とは〈無関連の応答〉となっている（405）。そして真帆が2回目に質問を繰り返すと（406），讓は「いいんだよ。だって順番にやっても同時にやってもあんまり，同じじゃん？」と，〈事実の説明〉として単刀直入に肯定をしている（407）。さらにもう一度，真帆が「変わらない？」と駄目押しをし（408），讓が「変わらない。最後には。」と繰り返している（409）。

　讓と真帆の2人がそれぞれこの対話を始める時点で，移項に対してどのような理解をしていたかがここでは読みとれないため，肯定否定以上の移項の理解を深める議論が必要であったかどうかに言及することはできないが，この対話ターンでは，移項を2個同時にするという操作に対する数学的な意味づけが行われることなく，その操作が可能であるという質問に対する肯定という援助関係でのみ成り立っていることが読み取れる。援助要請も援助もその質が変わることなく，断片的知識を伝達してもらうための手段としての意味のみ有していたと推察される。

2　精緻な援助がなされた場合の相互作用の特徴

　正当性を確かめるという［検証型］や，自分たちの議論を振り返るという

［解釈型］の対話の中には，精緻な援助がなされたり，同じ要請内容に対して援助および援助要請が精緻化されたりするという相互作用が生起している事例があった。

　以下では，11月17日の［解釈型］と［検証型］の事例を1つずつ示す。両場面に至るまでの授業は，「1箱1350円のみかんがあります。予算1万円のとき，何箱まで買えますか。」という問いについて考え，不等式という言葉を確認した後，① $5x \geqq 30$，② $8x+2 \geqq 34$，③ $6x-12 \geqq 8x+1$ を各自解いてきて，宮野教諭の予想通り生徒たちが③の解を $x \geqq -\dfrac{13}{2}$ としていたという流れである。③の解が $x \geqq -\dfrac{13}{2}$ でいいのかという問いかけでグループ議論が始まり，途中で何度か教室全体の議論が挟まった後の「$x=1$ や $x=100$ を代入するとなぜ成り立たないのか考える」課題の1場面が【事例3】，そのしばらく後，「$-2x \geqq 13$ から $x \geqq -\dfrac{13}{2}$ の式変形過程の間違いを説明する」課題の1場面が【事例4】である。

(1)　検証型の議論内容での特徴

　Table 6-4 に示す【事例3】は，不等号の意味を十分には理解できていなかったとみられる真帆が，思いのままに譲に対して「$x = -\dfrac{13}{2}$ が成り立つならこれでいい」と〈誤り〉の発話をするところから始まる (582)。この発話は，真帆が $x \geqq -\dfrac{13}{2}$ という表記を見て，＞を無視して＝にだけ着目していることを表していると考えられる。真帆の理解状態を認識したと思われる譲は，$x \geqq -\dfrac{13}{2}$ の示す事柄が x の取り得る値の範囲であるという〈意味の説明〉を，「これより大きい」という表現の繰り返しによって行っている (586)。さらに，「どんな数入れても成り立たないとこれが間違い。」と，$-\dfrac{13}{2}$ より大きい数を代入しても成り立たないならば解が誤りであるということにも触れている (586)。それは，真帆の「あ，わかった。」という短い返事に対して，さらに「1入れた時に成り立たないとこの式はちょっとおかしいっていう予想があった。」と，どのように問題に気づくことができるかという道筋をも述

べ，〈問題点の整理〉を加えて行っている（591）。

　Webb らは，精緻化された説明を受けるには「混乱を認めて告白したうえで具体的な説明を求める」援助要請が機能するとしていたが（Webb, & Mastergeorge, 2003），この【事例3】の前半における譲と真帆の対話では，真帆の誤りの表出を恐れることなく具体的な自分の考えを述べる援助要請の振る舞いによって，譲は説明として何を話すべきかを悟り，丁寧に不等号の意味に言及した援助を行うことができたと考えられる。

　真帆と譲の対話は短く終わっているが，真帆が譲の援助を受容できたことがその後の隆之との対話からわかる。【事例3】の前から隆之と由佳は，$x=1$ ならば成り立たないが $x=0$ ならばどのような結果になるかを難航しつつ［検証］しながら，$-\frac{13}{2}$ より小さい数ならば成り立つことを探究していた。難航していた原因は，$x \geqq -\frac{13}{2}$ の意味にこだわらずに $x=0$，$x=1$ に引きずられ，互いにどのような範囲を考えているかを言語化せず整理できていなかったことと，$x \leqq -\frac{13}{2}$ の代表として $x=-5$ を代入する間違いをしていたことである。

　それを横で聴いていた真帆は，由佳が「-6.5 より小さい数を -5 にしてた。」と，自分の間違いに気づいた（613）のを受けて，「-7 を代入してみればいいんでしょ？」と，譲の援助を受けた自分の〈解釈の確認〉をする（616）。真帆の意図をはかりかねたと思われる隆之が「何をするために -7 にするの？」と〈理由説明の要望〉をすると（619），真帆はさらに「≧を≦に変えれば式が成り立つってことを証明するために -6.5 より小さい数を代入すればいい」と，目的と為すべきことを整理して述べている（620）。真帆が直接譲から受けた説明は，$-\frac{13}{2}$ より大きい数を入れても成り立たないということであったが，ここでは真帆は裏を返して小さい数を入れれば成り立つのだと自分の言葉で言い換えている。

　Webb らは援助要請者の振る舞いとして「受けた説明を適用する」ことの重要性を明らかにしている（Webb, & Mastergeorge, 2003）。計算課題ではな

Table 6-4　[検証型]における援助要請と援助の関係

【事例3】成り立つ値を代入して，不等式の意味に言及する場面

隆之	由佳	譲	真帆
			582.　$x \geqq$ かわからないけど $x = -\frac{13}{2}$ が成り立つならこれでいいじゃん。
	583. 0未満？		
584.　だから，マイナスっていうと。	585. 0未満って，マイナスなの？		
587. 0入れなかったらマイナスだろ？0より少しでも小さかったらマイナスだろ？		586.　x がこれよりも大きいどんな数でも成り立つってことね。だから x がこれより大きいどんな数でも成り立たない場合は答えが間違え。これより大きい正の数全てじゃない？これより大きいの。で，どんな数入れても成り立たないとこれは間違い。:a	
	588.　ああ，そうだ，0未満で。だから $-\frac{13}{2}$ より大きい数。そうすれば全部あてはまるんだ。		
589.　じゃあやってみれば。じゃあやってみるよ。			
			590.　あ，わかった。
593.　それ6.5より小さいの？5だろう，入れるんだったら。	592.　たとえば7とか。	591.　だから1入れた時に成り立たないとこの式はちょっとおかしいっていう予想があった。:b	
595.　違う。−5でないな。	594.　−5か。そっか。−5か。		
	613.　やばい。−6.5より小さい数を−5にしてた。間違えた。嫌だ，もう。		
615.　どうかした？			614.　あはは。
617.　それ，ん，ん？うん。ん？ん？			616.　−7を代入してみればいいんでしょ？
619.　ごめん。何をするために−7にするの？ごめん。			618.　でしょ？$x = -7$。
			620. 0だから $\geqq$ を $\leqq$ に変えれば式が成り立つってことを証明するために−6.5より小さい数を代入すればいいから。:b
621.　ああ，ああ，そういうことね。何の為にやるのかがわからなかった。			

く，生徒が数学の性質に立ち戻りながら，なぜその解き方がよいのかを相互に探究することが目的とされていた課題で生起した［検証型］の議論内容のこの事例では，真帆は譲から受けた説明を吟味して自分の言葉で表現し直していたと捉えることができる。

(2)　解釈型の議論内容での特徴

　Table 6-5 に示す【事例4】は，$6x - 12 \geqq 8x + 1$ の式変形過程の誤りを正しく直すだけでなく，なぜそのように直す必要があるのかという理由・原理に話が及ぶ場面である。その契機となったのが，真帆の「だから不等号がおかしいって意味になったんでしょ？」という発話である。真帆は，これまでのグループでの議論を振り返り，$-\frac{13}{2}$ より小さい数ならば成り立つので不等号の向きを逆転すればよいと自分の考えを整理し，〈解釈の確認〉をしている（720）。真帆が，最初に与えられた課題に対する解決方略として $6x - 12 \geqq 8x + 1$ の式変形として正しく直すために不等号の向きを変えようとしている思考プロセスであることを冷静に聴いていたとみられる譲はそれに対し，「正確には逆だけどね。」と異なる意味づけを行う必要があることを〈短答〉する（721）。否定されたものの譲の思考がわからなかったようである由佳と真帆がさらに「だから不等号を逆にするんじゃないの？」「そうだよね。-6.5 より小さい数だと成り立つから不等号を逆にするんじゃないの？」と〈解釈の確認〉をする（722，723）。そこで譲は援助を精緻化させ，「マイナスで割った時に，-2 で割ったらなぜ逆転するか」と，$\leqq$ なら成り立つから向きを逆転させるという思考プロセスから，向きを逆転させるのは負の数で割るからであるという一般化の思考プロセスへの転換をはかり，〈問題点の整理〉を行っている（724，726）。

　この対話事例においても，先の【事例3】前半でみられたのと同様のメカニズムで，具体的に自分の考えを述べる真帆と由佳の援助要請の行為が，援助要請者の思考をより一般性のある思考へ展開させるよう導く譲の援助の精

Table 6-5 ［解釈型］における援助要請と援助の関係

【事例4】不等号の向きが逆転することに対し，手続きの意味へ言及する場面			
隆之	由佳	譲	真帆
			720. だから不等号がおかしいって意味になったんでしょ？
		721. 正確には逆だけどね。；d	
	722. だから不等号を逆にするんじゃないの？		
			723. そうだよね。-6.5より小さい数だと成り立つから不等号を逆にするんじゃないの？
		724. あのね，マイナスで割った時に，-2で割ったらなぜ逆転するか，だと思うんだよ。；b	
			725. -2で割ったらなぜ？
		726. そう。つまり-2，あの場合ね，負で割ったらなぜ逆になるかっていう。；b	
			727. 逆転するか。え，意味わからない。
		732. その理由を。	731. なんでって感じじゃない？
		734. してるよ？してるよ？；d	733. なんで逆転。逆転してなくない？
			735. 逆転っていうのは13分の-2x，違う，13，-2xってなるのを逆転って。
		736. 違う。違う。こいつの向きが変わる。大小関係が逆転する。；a	
737. なぜマイナスがつくと，不等号が逆になるか。			

緻化を誘発したと捉えられる。

　さらに，譲の援助を受けてもなお「意味わからない。」と〈混乱の宣言〉をしている真帆であるが（727），真帆の学習はここで終わらなかった。今度は，「逆転っていうのは13分の-2x，違う，13，-2xってなるのを逆転って。」と，分母と分子の置き換えをすることが逆転ではないかと考え始め，改めて〈誤り〉ながら自分のその時点での見方を述べる（735）。すると譲は

「こいつの向きが変わる。」と，逆転とは不等号の向きが変わることだと見た目の事実を述べた上で，「大小関係が逆転する。」と続け，不等号の向きが変わるとは見た目の問題ではなく大小関係が変わるという〈意味の説明〉をしている（736）。

　Webb らは，精緻化された援助を受ける援助要請の仕方として，「納得するまでパターンを修正しつつ諦めずに援助要請を続けること」をしてきしていた（Webb, & Mastergeorge, 2003）。真帆が自分の解釈の確認から始まり，一度援助を受けても混乱の宣言をし，誤りながらも援助要請を繰り返したこの【事例4】においても，これを支持し，誤ることをおそれずに援助要請のパターンを修正しつつ自分の考えを述べ続けることで，必要な援助を受けていたと考えられる。

第4節　総括的考察

　本章では，グループで議論される数学の内容に応じた援助要請の意味を明らかにすることを目的とし，議論内容のタイプごとのグループの相互作用において精緻な援助がみられた場合とそうでない場合を比較し，援助関係にみられる相互作用のメカニズムと，それぞれの援助要請の意味を検討した。その結果，以下の3点の知見が得られた。

　第1に，当該グループにおいて精緻な援助が生じなかった［手続き教示型］や［知識伝達型］の対話では，1つの要請内容に対してすぐに1つの応答があるという一問一答の援助関係で，話題によっては要請内容が細かく次へ移るという対話ターンの繰り返しによって議論が進むという相互作用メカニズムがあることが浮かび上がった。また，［手続き教示型］では，援助要請が何かの理解を得るためではなく，答えを得る手段として，［知識伝達型］では断片的知識を伝達してもらうための手段としての意味を持っていたと推察される。

　ただし，本章で検討されたそれぞれのタイプの議論内容における相互作用は，いつでもその相互作用しか生起しないことを示すわけではない。[手続き教示型]や[知識伝達型]でみられた議論の深まりがみられない短いターンの援助関係が生起した理由は，議論内容によるものよりも時間内に複数の問題を解いて答えを得るように組まれた課題の志向性による方が大きい可能性がある。翻って，[手続き教示型]や[知識伝達型]の議論内容を促し，その過程で理解に深まりをもたせたい場合には，生徒に課題に取り組ませる際の環境を工夫するという手立てが有効である可能性が示唆されているといえる。

　第2に，当該グループにおいて精緻な援助が生起した[検証型]と[解釈型]の対話では，誤りの表出をおそれずに自分の考えを具体的に述べる援助要請者が，要請者の理解状況を援助者に伝達することとなって必要な援助が提供される，あるいは援助要請者にとって援助内容が十分でないと判断された場合には援助の求め方を修正しながら続け，援助者はそのプロセスを経て必要に応じて援助を精緻化させるというメカニズムがあることが描き出された。援助要請に着目すると，納得するまでパターンを変えつつ諦めずに援助要請を続ける行為は，Webb, & Mastergeorge（2003）が精緻化された援助を得られるとして指摘した行為とほぼ同様の知見であるといえる。ただし，計算の自力解決を目指すという課題であったWebb, & Mastergeorge（2003）では，具体的な説明を求めることと受けた説明を適用することが鍵となっていたのに対し，本研究では誤りの表出をおそれずに自分の考えを述べる行為，受けた説明を自分の言葉で言いかえる行為として再解釈される。

　第3に，援助要請が数学の理解深化に向かう積極的な意味を持つか，答えを得てその場でやり過ごす手段として消極的な意味を持つかという違いが，特定のグループの議論の中でも内容によって生じていることが示唆された。問題解決の主体は援助要請者であり，必要性の吟味を十分に行っており，要請内容はヒントや解き方の説明であるとされる自律的援助要請を，問題解決

の主体は援助者であり，必要性の吟味が不十分，要請内容は答えであるという依存的援助要請に整理されるように（瀬尾，2007），援助要請が持つ意味についてはこれまでも指摘されている。また，Webb らの研究では，学業成績との関連で生徒の援助要請を検討していた。しかし本章では，特定のグループの対話の中から，精緻な援助を受けた援助要請とそうでない援助要請との質の違いを議論内容と関連づけて検討したことで，自律的援助要請と依存的援助要請の生起が個人特性だけでなく，議論内容によって左右される可能性が示唆されたといえる。

　ただし，本章では援助要請が自発的になされ，それに何らかの形で応答する習慣のあるグループを対象にその相互作用プロセスを検討した。つまり，このような相互作用を生起させる学習環境についてはまだ明らかでない。次章では，生徒が数学を協働的に学習する習慣を形成するための教師の支援について検討する。

第Ⅳ部

生徒の協働的な相互作用を支える教師の役割

第7章 生徒間の協働を支える教師の質問発話とその省察

第1節 本章の目的

　本章の目的は，対話を中心とした数学の協働的な学習の関係性を創造するための教師の役割について，教師の質問発話に着目した教室談話の分析を教師の省察から意味づけることによって明らかにすることとする。

　第1章第4節で指摘したように，教室における生徒の協働的な学習は，教師の生徒への質問の内容やつなげ方によって左右され（Webb, Franke, Ing, Chan, De, Freund, & Battey, 2008; Webb, Franke, De, Chan, Freund, Shein, & Melkonian, 2009），生徒による他者の考えとのつながりの説明を構築は，他の生徒の考えとのつながりの説明を促すという教師の行為によって支援されることが示されている（Webb, Franke, Ing, Wong, Fernandez, Shin, & Turrou, 2014）。ただし，学級全体での議論場面における説明構築に焦点があてられた協働的な学習に焦点をあてており，学級全体での議論における発話としては表れない，他者の発言を聴いたりグループで援助要請したりするかたちで教室談話を媒介とした学習をする生徒を視野に入れた検討は十分でない。

　そこで，教室における談話に対する教師の省察を考える。生徒の考えの説明を求める教師の談話は，その教室で誰がどのようなことを発言してどのように数学を学習するかという教室の規範を生徒と互恵的に構築するために教師が自身の数学学習に対する信念に基づき戦略的に振る舞っていることが示されている（Yackel, Cobb, & Wood, 1991; Lampert, 1990）。そして，1年間の教室談話と年度の終わりの教師のレポートあわせて検討した研究では，教師が

教室で生徒と対話する過程で数学を教えるという活動について再概念化し，教室が教師にとっての学習の場であったことが論じられている（Yackel, Cobb, Wood, 1999）。したがって，教師がいかなる考えをもってそのような教室談話を生成しているかをあわせて検討することが必要である。

　そこで本章では，生徒が支え合って考える授業を探究し，改善すべく努力を重ねる教師の授業実践の教室談話を，教師の生徒への質問に着目して分析するとともに，その分析結果に対する教師の省察から協働的な数学学習の関係性の創造プロセスを検討する。

第2節　方法

1　分析対象

　本章では，第2期2011年9月7日〜11月17日，協力学級が1年生のときの16時間分と，第3期2012年6月11日〜12月17日，2年生のときの26時間分の計42時間の教室談話記録を分析の対象とする。

2　分析の枠組み

(1)　発話の抽出

　協力学級において，生徒がグループで議論する間に援助要請を行うことが観察されていたが，宮野教諭は生徒がグループで議論する間は直接的に介入することはめったになかった。そのため，グループでの議論でみられる相互作用を分析したとしても，援助要請の生起に影響を及ぼす要因を十分に検討することはできない。Webb et al.（2006）によれば，教師の質問にみられる談話構造は，生徒のグループ議論での援助の行い方に影響を及ぼす。したがって本章では，学級全体での議論における教師から生徒への質問発話に焦点をあてる。

42時間（1年生時の16時間と2年生時の26時間）の教室談話記録の中から，質問発話を抽出した。ただし，グループや個人で課題に取り組むことを求める指示を含んだ発問（例「で，あとはどうやってその解を出すの？いきなり，xとyが閃いたのか。その辺りが問題になるのではないでしょうか。ちょっとグループで話してみてください。」）は，その場での生徒の即時応答を期待していない質問発話であるとして区別し，抽出しなかった。また，課題への取り組みが終わったかどうか，あるいは授業を進行して差支えないかどうかを確認するような，生徒の進捗状況や理解状況を尋ねる発話（例「そろそろいい？何かご質問ある？大丈夫？」），および話の枕となるような数学の学習とは無関係の質問発話（例「じゃあ今日なんですけど，皆さん握手ってしたことありますか？」）も抽出しなかった。さらに，同じ内容で他の生徒の応答を形式的に繰り返し質問していた場合（例「他は？」）は，初めの質問発話のみ抽出した。

(2)　発話のカテゴリー分け

　Webb et al.（2006）は，教師の質問発話として，求められる生徒の応答，および求められる生徒の認知的過程の2つの基準を設けている。本章では，どのように学級全体の対話を組織することが生徒の対話への参加の仕方や生徒間の対話のあり方に影響を及ぼすかに焦点を絞るため，何を学習させるかという後者の基準は採用せず，生徒にどのように応答することを求めているかという前者の質問発話のカテゴリーを参照する。

　抽出した質問発話を Table 7-1 のカテゴリーに基づき，分類した。カテゴリーは，Webb et al.（2006）における分類カテゴリーを参照のうえ，課題の多様性の違いを考慮し，宮野学級にあわせて修正した。参照した Webb et al.（2006）における分類カテゴリーは，次の通りである。低レベルとして「問題のステップではない断片的情報（「学校の電話番号。これは何を表す？」→「市外局番」）」，「一言での回答（「市外局番はどこ？」→「これ。」）」，「はい／いいえの回答（「13をかけた？」→「はい。」）」，「単独の数（「9と13をかけなければ

Table 7-1　教師の質問発話カテゴリー

求められる 生徒の応答	定義	発話例 （教師の発話→生徒の応答）
低レベル はい／いいえ の回答 〈A〉	肯定か否定かに関する二者択一を求める	これは，正しいの？正しくないの？ →正しくない。 原点を通っていない。確か？→確か。
一言での回答 〈B〉	単語や用意されている選択肢，言い換えなどの，応答の仕方が1つに制限された一言を求める	これどう解釈するの？引くじゃなくて，→マイナス。 ここからここ，何やったの？→×（−1）。
単独の値 〈C〉	数えた値や演算結果を求める	ちなみに，答えは？→61です。 Aの座標って，いくつなの？→（1,1）。
高レベル 式・手続きの流れ 〈D〉	言葉ではなく，公式や計算式，次の手順を形式的に求める ※立式でも考えの表明要求と捉えず，言葉を求めなければDとする	どんな式ができますか？→えっと，$3 \times 20 + 1$。 −1は，どこから出てきた？→$\frac{-3}{3}$。
概念の具現化 〈E〉	概念を具現化するような式を想起して挙げるよう求める	方程式の，例を1つあげてください。→（略）
知識の言葉での説明 〈F〉	数学的用語に対する定義・性質の言葉での説明を求める ※説明から用語を答えさせるのはBとする	方程式の解って何だったっけ？→代入したときに等式が成り立つ。 成り立つって何？どういうこと？→両辺が等しくなる。
考えの言葉での説明 〈G〉	応答の仕方に制限をかけずに，どのように考えたかを求める ※手続きの要求でも，言葉での応答を求めていたらGとする	この③番を解決するのにどんな事柄を考えた？→（略） どんなことが，話し合われていましたか？→グラフ描いた。（略）
理由や根拠の説明 〈H〉	なぜそうなるか，なぜそのように考えたかの説明を求める	これなんで括弧つけたの？→$x-2$っていうのが1つのまとまりだから。 正しいと思う人で説明できる人，はーい。じゃあ，きいてみよう。→（略）

いけない。いくつになった？」→「117。」），高レベルとして「1つの演算（「何をかけなくてはならない？」→「54と38をかける。」）」，「複数の演算の流れ（「それをどうやって見つける？」→「初期料金に12セントに3分をかけて足す。」）」，「一般

言語で説明された問題の1ステップ（「まず何する？」→最初の時間がいくらか見る。）」，「一般言語で説明された問題の複数ステップ（「この問題について何を知っている？」→「分母をそろえて，2つの分数を足す。」）」，「手続きの理由の説明（「12はどこから出てきた？」→「1を引いた。」）」となっていた。

　宮野学級における対話は，計算課題以外の多様な課題を含んでいたため，大幅な修正が必要とされた。カテゴリー名が同じでも，定義を変えている場合もある。筆者が単独で修正したカテゴリーをもとに，協力者を2名募って質問発話を分類した。協力者はそれぞれ別の中学校・高等学校で数学教師として教壇に立ちつつ，教育学研究科で数学の学習研究をしている大学院生である。

　まず，筆者と協力者1が独立に質問発話を分類した。数時間分の互いの分類を突き合わせるなかで解釈が割れ，カテゴリー数と定義に一部不足があることを確認したため，協議のうえ再改良して Table 7-1 とほぼ同様のカテゴリーを作成した。それをもとに，筆者と協力者2が独立に分類した。再び協議の結果，カテゴリーに過不足はないという見解で一致し，解釈が割れた箇所における根拠づけをもとに，定義に少し修正を加えて Table 7-1 を完成させるとともに，残りの不一致箇所も統一した。

　Table 7-1 において，Webb らの研究に則り，求められる生徒の応答が一言，値などの断片的情報であるか，それ以上の情報であるかによって，低レベルと高レベルを設定した。〈A. はい／いいえの応答〉は，二者択一の中でも肯定か否定かに関する選択を求める質問，〈B. 一言での回答〉は，応答の仕方を1つに制限するように誘導がついた，単語や選択，言い換えを求める質問，〈C. 単独の値〉は，数えた値や演算の結果を求める質問とした。Webb らの研究で50％以上として最も多く占めていたのが，〈C. 単独の値〉のカテゴリーであった。〈D. 式・手続きの流れ〉は，一般言語ではなく，公式や計算式，次の手順を形式的に回答することを求める質問，〈E. 概念の具現化〉は，授業の文脈とは切り離され，概念を具現化するような式を想

起して上げることを求める質問とした。Eでも式の回答を求めるが，Dとは明らかに質が異なるため，別カテゴリーとした。〈F．知識の言葉での説明〉は，数学的用語に対する定義・性質の言葉での説明を求める質問とした。知識の回答を求める点ではBの一部と似ているが，用語を答えるか用語の意味を言葉で答えるかという点で水準が異なるといえる。〈G．考えの言葉での説明〉は，応答の仕方に制限をかけずに，どのように考えたかを求める質問とした。Webbらの研究では，演算の1つのステップに対する言葉での説明要求が30％以下であったのに対し，複数の演算のステップに対する言葉での説明要求はほぼなかった。〈H．理由や根拠の説明〉は，なぜそうなるか，どうしてそのように考えたかの説明を求める質問とした。この〈H．理由や根拠の説明〉のカテゴリーはWebbらの研究において，3％以下であった。

　Webb *et al.*（2006）と本研究とでは，分析単位が異なる。第1に，課題が異なる。Webb et al.（2006）の授業では，計算課題のごく一部が扱われたのに対し，本研究では，正誤判断課題やアプローチ間の数学的な質の違いの説明課題など，多様な課題を含む。第2に，Webb et al.（2006）では2名の教師による4学級のデータが対象となっており，本研究の学級固定とは異なる。第3に，Webb et al.（2006）ではグループで協力するよう指示されており，個人の成果の他にグループの成果もまた評価対象とされたのに対し，本研究ではグループはあくまで考えるために生徒が対話する手段として位置づけられ，成果は評価の対象とされていない。要するに，Webb et al.（2006）では計算課題を例に，協働学習一般の傾向の解明が志向され，教師や学級の固有性が捨象されている。教師の談話が学級独自の数学の学習を規定する参加構造を反映することをふまえると（e.g., Lampert, 1990; Yackel et al., 1991），Webb et al.（2006）の結果と比較して課題の内容や提示の仕方などの異なる1名の教師による質問傾向を示すことは，違いの要因を特定することはできないが，学級固有性を示すうえでは一定程度の価値があると考える。

(3)　教師の振り返り

さらに，談話分析の結果を宮野教諭にフィードバックし，振り返りの記述を行ってもらった。次節に示す1〜3の結果，すなわち全質問発話の傾向，グループ終了後の初発の質問発話の傾向，および2年次の宮野学級で代表的な教室談話の事例解釈までで論文の草稿を執筆し，その草稿を宮野教諭に送付した。そして，本章の談話分析の「結果をふまえて考えることを言葉に」することを依頼した。書式は「すべて自由に」書くか，可能なら「1年目のはじめとおわり，2年目のはじめとおわりにどのような意識であったか，そして今にどのようにつながって，あるいは変わっているか」に触れて書くよう重ねて依頼した。

すると，宮野教諭からは論文を読みながら感じたことについての草稿PDFのコメント機能を用いた返答と，1年目から2年目，2年目から現在[15]にかけての変化に沿って記述された返答があった。授業を観察していた時期にも時間が許す限りで授業が終わるごとに宮野教諭と筆者で振り返りの対話をしていたが，本章では談話分析の結果に照らして記述をしてもらった。授業をしていた時期から時間が経過した点によって授業当時の記憶が薄れる負の影響は想定されるが，焦点を絞って具体的かつ客観的なデータをともに示して振り返りを促すことで，教師の当時の行動と思考を想起しやすくなると考える[16]。

このようにして得た宮野教諭の2つの記述，すなわち筆者が行った談話分析の1つ1つの結果に対する解釈の記述，および年次的変化を振り返る記述を分析する。

したがって，本章の分析枠組みはFigure 7-1に示す通りである。まず，

---

15)　論文草稿を送付した2015年10月。観察終了時から3年経過した時期である。
16)　なお，宮野教諭から，「自分の授業がどのような構成になっているのか，自分がそうありたいと思っていた授業展開になっていることが客観的なデータ処理により確認されたことに改めて驚かされました。」という感想を頂いている。

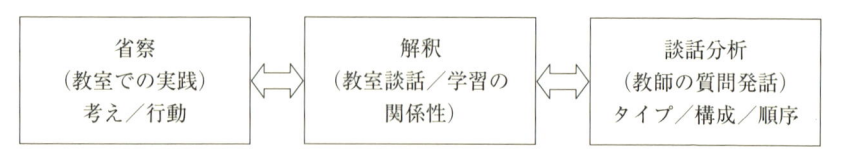

Figure 7-1　分析の枠組み

Table 7-1のカテゴリーにしたがって教師による2年間の質問発話の談話分析を行い，教師の質問発話の特徴を明らかにする。第1に全質問発話の傾向，第2にグループ終了後の初発の質問発話の傾向に着目し，それぞれ時期別に各カテゴリーの出現頻度から検討する。次に，宮野学級における数学学習の関係性とそれを導く教師の方略を明らかにするために，第3の分析として2年次の代表的な事例の質的解釈を行う。最後に，談話分析から描き出された質問発話の特徴や，そこから解釈された教室の数学学習の関係性が，教師自身の思考や行動のどのような表れであるかを明らかにするため，教師自身の省察を検討する。

第3節　結果と考察

1　教師による質問発話の全体的な傾向

　教師による質問発話のすべてを分類した結果，カテゴリー別時期別頻度を示すTable 7-2が得られた。ただし，質問発話のすべてというのは，1年次に記録した16時間と2年次に記録した26時間の授業における質問発話のすべてである。実際の生徒の学習状況に応じて柔軟に授業計画を組み直すことを尊重し，時間数はさほど考慮せずに単元とそこでの学習内容のみを相談して観察を行ったため，2年間の授業時間数には差がある。そのため，以下では比率にのみ着目して考察を進める。

　1年次の発話と2年次の発話の変容に注目すると，〈A．はい／いいえの

回答〉の比率が21.0％から11.0％に減少するのに対し，〈B.　一言での回答〉
の比率が24.9％から34.0％に増加している。また，〈G.　考えの言葉での説
明〉の比率の増加量が15.5％から23.7％と，やや大きい。ただし，数値で表
される全体的な傾向としては，年次による変容を解釈するのに十分な結果と
はいえないと考えられる。

　次に，2年間を総合した質問発話の傾向としてC，G，Hのカテゴリーが，
Webb et al.（2006）の結果と比較して注目に値する。Webb et al.（2006）の
結果では50％以上を占めて突出していた〈C.　単独の値〉の比率が，本結果
では12.9％であり，これは他のカテゴリーと比べて特に高い値ではない。ま
た，Webb et al.（2006）の結果で3％以下であった〈H.　理由や根拠の説明〉
が本結果で8.9％であり，これは他のカテゴリーと比べて特に小さい値では
ない。さらに，カテゴリーに修正を要し，〈E.　概念の具現化〉，〈F.　知識の
言葉での説明〉が現れた点そのものも有意義な違いであり，〈G.　考えの言
葉での表明〉の比率が20.3％を占めたこともまた顕著な違いである。

　以上の数値から，宮野教諭の質問発話は全体的な傾向として，短い応答を
求めるような繰り返しの質問に偏って構成されることなく，生徒に言葉で何
かを説明させる質問が少なからず混ざっていたことがわかる。そしてその内
容は，数学の定義や性質，解法，理由や根拠といった多様な事柄を含んでい
た。

　Table 7-2から，2年間の質問発話の構成要素の比率による傾向が明らか
になった。しかし，これはあくまでも構成要素の傾向である。発話の連鎖を
分析したわけではないため，それぞれの要素がどのように組み合わされ，ど
のような順序で授業中に発せられていたかまでは明らかでない。言い換える
と，生徒がどのように議論し，学習し合うかというこの学級の数学学習の関
係性まで浮かび上がったわけではない。

　第1節で先述した通り，生徒の説明の適切さは教師の質問のつなげ方に左
右され（Webb et al., 2008; Webb et al., 2009），後続する質問が他の生徒の考え

Table 7-2　教師の質問発話カテゴリー別時期別頻度（%）

カテゴリー	1年次の発話	2年次の発話	2年間の合計	
A はい／いいえの回答	65(21.0)	48(11.0)	113(15.2)	低レベル
B 一言での回答	77(24.9)	148(34.0)	225(30.2)	43(58.3)
C 単独の値	41(13.3)	55(12.6)	96(12.9)	
D 式・手続きの流れ	32(10.4)	30 (6.9)	62 (8.3)	
E 概念の具現化	2 (0.7)	0 (0.0)	2 (0.3)	高レベル
F 知識の言葉での説明	11 (3.6)	18 (4.1)	29 (3.9)	31(41.7)
G 考えの言葉での説明	48(15.5)	103(23.7)	151(20.3)	
H 理由や根拠の説明	33(10.7)	33 (7.6)	66 (8.9)	
計	309(100)	435(100)	744(100)	

とのつながりの説明を促す内容であることによって，他者の考えとのつながりが強い説明が構築されることが示されている（Webb et al., 2014）。したがって，質問がどのように組み合わせられているかを分析することは重要である。

　そこで，まず次に，2年間の質問発話の中でも，グループでの議論を終わらせた後の初発の質問発話を抽出して，その傾向を分析する。ただし，グループ直後の初発の質問が単独で意味をなすとして抽出するわけではない。Webb らの研究では，教師の質問の種類と生徒の説明の水準との関係を検討し，実際の事例から発話の連鎖を検討する枠組みで分析がなされていた。つまり，生徒の説明の水準を上げる議論の展開が先に想定されている。ここで，Lampert（1990）は，「数学的活動の結果は演繹的証明によって正当化されるが，それは数学を"わかるプロセス"を表しているわけではない(p.30)」と指摘する。数学の解法の順序通りに議論を展開させることが，必ずしも生徒の学習のプロセスと合致するわけではないということである。言い換えると，教師の質問に対する生徒の応答が必ずしも解法通りとは限らない。質問によって，何を語らせるかが重要であると同時に，どのように語ら

せて議論を展開させるかというプロセスも，生徒が教室で数学をわかるためには重要であるといえる。

　そのため，グループでの議論を終了させた後の初発の質問には，その後の議論をどのように展開させるかという教師の談話の特徴が反映されるとし，焦点をあてる。そして，まず，全質問発話のときと同様，質問の傾向を検討する。仮に初発の質問に偏りがあるならば，その教師は常に似たような論理展開で議論をファシリテートしていることが推察され，逆に偏りがなく，何らかの傾向がみられるならば，その教師は議論をファシリテートする際に工夫を凝らしていることが推察されると考えられる。その後，Webb らも行ったように事例から質問発話の連鎖を分析し，どのような生徒がどのように発言して数学を学ぶことが保障された学習の関係性となっているかを検討する。

2　グループ終了後の教師による初発の質問発話の傾向

　教師による全質問発話のうち，グループ終了後の教師による初発の質問発話を抽出して各カテゴリーの時期別頻度を分析した結果，Table 7-3 が得られた。全質問発話の内訳を示す Table 7-2 と比べると，低レベルと高レベルの比率の大きさが，Table 2. では低＞高であるのに対し，Table 7-3 では低＜高であることがわかる。また，〈G. 考えの言葉での説明〉の比率が40.6％であり，他のカテゴリーと比べて顕著に大きいことが認められる。

　さらに，時期別の頻度に着目すると，まず，低レベルと高レベルの比率が大きく異なる。高レベルの応答要求 D〜H の比率を時期別に合計して比較すると，高レベルの応答要求が 1 年次では42.3％であるのに対し，2 年次では65.8％へ増加している。カテゴリーごとに比較すると，低レベルの応答要求では，〈A. はい／いいえの回答〉が 1 年次には30.8％から 2 年次には2.6％へと激減した一方で，〈C. 単独の値〉は3.8％から18.4％へと約4.5倍に増えている変化，高レベルでは，〈G. 考えの言葉での説明〉が 1 年次に23.1％から 2 年次には52.6％へと倍増している変化が顕著である。

Table 7-3　教師のグループ終了後の初発の質問発話カテゴリー別時期別頻度（%）

カテゴリー	1年次の発話	2年次の発話	2年間の合計	
A はい／いいえの回答	8(30.8)	1 (2.6)	9(14.1)	低レベル 28(43.75)
B 一言での回答	6(23.1)	5(13.2)	11(17.2)	
C 単独の値	1 (3.8)	7(18.4)	8(12.5)	
D 式・手続きの流れ	4(15.4)	2 (5.3)	6 (9.4)	高レベル 36(56.25)
E 概念の具現化	0 (0.0)	0 (0.0)	0 (0.0)	
F 知識の言葉での説明	0 (0.0)	1 (2.6)	1 (1.6)	
G 考えの言葉での説明	6(23.1)	20(52.6)	26(40.6)	
H 理由や根拠の説明	1 (3.8)	2 (5.3)	3 (4.7)	
計	26(100)	38(100)	64(100)	

　この結果から，1年次に宮野教諭が生徒の考えを集約したうえで肯定か否定を問い，議論を進める役割を担っていた教室の数学学習の関係性から，2年次には宮野教諭が集約しなくても生徒の考えを語らせることから議論を出発させる関係性へと変容していたことが推察される。

　そして，Table 7-2 からわかるように，宮野教諭のグループ終了後の初発の質問は型通りではなく多様性があり，Table 7-2 と Table 7-3 の結果が異なることを合わせて考えると，質問の仕方を変えながら議論を進めている様子がうかがえる。そこで次節では，さらにこの学級における数学学習の関係性として，宮野教諭の談話の特徴を生徒の談話と合わせて明らかにするため，代表的な事例を取り上げて質問の構成と順序に着目して質的に分析する。

3　教師による質問発話の特徴

　グループ終了後の教師からの初発の質問発話で2年次になって比率が増えたのは〈C. 単独の値〉と〈G. 考えの言葉での説明〉の2つである（Table 7-3）。これらは一見すると，議論の進め方として，はじめに結論を共有するか，問題への着手の仕方を共有するかの違いがあり，対極に位置すると考え

られる。実際，2年次にみられたCの発話は，7回中1回を除いてすべて
まず答えを確認するという質問であった（例外の1つは，議論の時間がなくなっ
たため，教師が解説を始めながら，解法に必要な部分の値を質問していた）。20回あ
ったGの発話については，「それがいい。だってまとまってたら授業やるこ
とないですからね。まとまってない感じを，だだだだっと，説明しちゃっ
てください。」や，「どんな話が，班でなされていましたか？」，「この③番を
解決するのにどんな事柄を考えた？」など，必ずしも答えに辿り着いていな
くても語って議論に参加することができる初発の質問であった。20回に含ま
れない初発ではないGの発話でも，「どんな話してたかでいいよ。」や「で，
結果が出たら当然考えますよねー。①番②番からどんなことがわかりますか
って？　ね？」という発話がみられ，宮野教諭の発話の代表的な特徴の1つ
であると捉えられる。

　このように議論の進め方として対照的にみえる2種類の質問発話が，2年
次になるといずれも増加していた。そこで，2年次のグループ終了後に〈C.
単独の値〉と〈G.　考えの言葉での説明〉の応答を要求する質問ではじまっ
た学級全体の議論の事例をそれぞれ検討した。

　Table 7-4に示した【事例1】は，〈G.　考えの言葉での説明〉を求める質
問から始まる議論である。2年次の11月5日の授業であり，この対話は，A
（−2, 3），B（8, 7）について線分ABの垂直二等分線の式を求める課題をグ
ループで取り組んだ直後のことであった。この時期，この学級の生徒たちは，
1次関数のグラフについて，中点や直線の式の求め方をマスターしたうえで，
図形的なアプローチと計算によるアプローチができるという発展的な学習を
していた。その一環として，この授業では垂直二等分線が取り組むべき課題
として与えられていた。

　この課題において想定される数学的解決の流れは，［step 1］AとBの中
点（3, 5）を求めること，［step 2］ABの直線の式の変化の割合$\frac{2}{5}$を求める
こと，［step 3］変化の割合$\frac{2}{5}$を座標平面上に書き込んでできる直角三角形

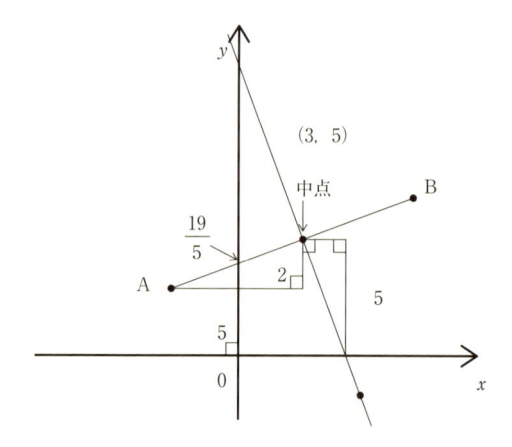

Figure 7-2　授業の終わりに黒板で共有されたグラフ

Table 7-4　〈G. 考えの言葉での説明〉の質問から始まる学級全体での議論

【事例1】線分 AB の垂直二等分線の式を求める課題をグループで取り組んだ直後
教師：はい，じゃあ，5班さん，<u>どんなことまでいってる？</u>〈G〉
杏奈：（わからないと言いつつ，*線分 AB の中点の座標を求めて（3, 5）となったことを述べ*）で，なんか，もう1つわかれば，
教師：もう1つわかれば。
杏奈：だから…。
浩行：もう1つわかったら，線が引けるんでしょ？
杏奈：もう1つわかると線が引けて，
教師：<u>もう1つっていうのは，具体的には，何？どういう？</u>〈B〉
（中略）
杏奈：点。
教師：もう1つの点がわかれば，直線の式がわかる。そうだよね。
杏奈：と思ったんですけど，その確認する方法とか，もう1つの点が，どこにあるか。
（中略）
教師：うん。<u>あとは，何か，これについて求めたことってないですか？</u>〈G〉
杏奈：え，変化の割合を出した。
教師：うん。<u>何の？</u>〈B〉
杏奈：AB。

を，中点を中心にして90度回転させると変化の割合 $-\frac{5}{2}$ を示す直角三角形になると発見すること（Figure 7-2），［step 4］$y = -\frac{5}{2}x + b$ に中点の座標を代入して，$y = -\frac{5}{2}x + \frac{19}{5}$ を得ることである。しかし，実際のこの学級における生徒の学習プロセスは異なっていた。まず，［step 1］，［step 2］までが多くのグループでできたものの，最終解答までは生徒たちがたどり着くことができずに困っている状況を見極め，宮野教諭がグループ議論の時間を中断させた。それが【事例1】の学級全体での議論の始まりである。机の配置はグループのままであり，生徒は基本的に顔を上げることのみが求められ，議論の際に考える手段として発言するか聴くかは自由であった。

　宮野教諭はまず，5班に宛てて「どんなことまでいってる？〈G〉」と訊いた。5班では，彰が誠に発言を促し，誠がためらっていた。そのような中，杏奈がわからないと答えつつ，どこまで何を求めて，何がわからなくなっているかを，教師や浩行に相槌を打たれながら説明した。宮野教諭は「もう1つっていうのは，具体的には，何？どういう？〈B〉」と訊き，線分 AB の中点の他に「もう1つの点がわかれば，直線の式がわかる」という解法の見通しを確認している。そして，「あとは，何か，これについて求めたことってないですか？〈G〉」，「何の？〈B〉」などと質問を重ね，杏奈のやったことが全て話されると，さらに他のグループにも訊き，学級全体として何をどこまでわかっているか，そして今問題となっているのはどこかを共有するよう導いていた。

　この場面での宮野教諭の質問は，〈G．考えの言葉での説明〉を生徒に求める質問に始まり，〈B．一言での応答〉と〈G．考えの言葉での説明〉の要求をさらに追加し，生徒に説明の精緻化を促す構成になっている。杏奈の学習プロセスは，数学的解決の流れにおける［step 1］と［step 2］を進んできて，もう1つの点を考えるという下位目標を立てたものの，それができずに困っている。この場面から，宮野教諭の質問の継続によって，杏奈の学習プロセスと困っていることを，教室にいる生徒たちが共有できるような談話

空間が生み出されていると捉えられる。

　この後，宮野教諭は杏奈の困っているもう1つの点に着目するアプローチは既習内容では解決できないことを伝え，また他のグループに，杏奈のしたこと以外にやったことはないか確認した。新しい内容は語られなかったため，この後さらに何を明らかにすればよいか，具体的には杏奈が最後に言及した線分の傾きに注目すればよさそうだということを学級全体で整理するかたちで議論が展開されていた。そして，再びグループに課題が戻され，変化の割合$\frac{2}{5}$をグラフ上に直角三角形として書き込むというヒントが与えられて，グループで続きを取り組むこととなっていた。

　Table 7-5に示した【事例2】は，その同日の2度目のグループ議論を終えた直後の対話である。この事例では，始めに宮野教諭が学級全体に宛てて「じゃあ，まず答えを書きましょうか。答えは？〈C〉」と訊いた。これは，直接答えを要求する質問である。奈々が自主的に正しい答えを返事し，梨乃は自分の解答が正しかったことに喜んでいた。

　しかし，宮野教諭はそこで生徒の学習を終わりにさせたわけではなかった。「さて，じゃあ，どうやったかですね。どう考えたの？〈G〉」と，学級全体に宛てて問いかけ，同じ話題で議論を続けていた。大輔に指名をすると，大輔から自分は何をしたかについて述べるかたちで応答があった。そこで，大輔でもよいし，誰が応答してくれてもよいという宛先の質問で，「なんでそれがわかったか？〈H〉」と，考えの根拠を求めたり，「これどう言うの？－をつけるっていう言い方と，〈B〉」と，表現の変換を求めたりしていた。その後あいにく，「なんで逆数にして符号を変えりゃいいかってことが，極めて重要だ，けれど，」と言うものの授業終了時刻になってしまったため，グループ議論中に一樹が線分ABの中点を中心として90度回転させることを行っていたことと，1班の4名が大輔の示したグラフについて，xを$-y$に，yをxに置き換えて座標をみなしていたことを紹介するにとどめることとなった。

Table 7-5　〈C.　単独の値〉の質問から始まる学級全体での議論

【事例2】垂直二等分線課題の2度目のグループ議論を終えた直後
教師：はい，じゃあ，あと。いいですか？　じゃあ，まず答えを書きましょうか。答えは？〈C〉
奈々：$y=-\frac{5}{2}x+\frac{25}{2}$。
梨乃：おー，あってた。〔拍手〕
教師：さて，じゃあ，どうやったかですね。どう考えたの？どう考えた？〈G〉
（中略）
教師：大輔は何やった？
大輔：なんか，俺のイメージとしては，もとの線を，どういう操作を加えたら，直角の式，になるのかっていうのを考えた，その，なんか，裏技というか。それを考えたときに，適当な式を書いたんですね。（$y=2x$ のグラフを描き，原点で直交する直線を引いてみたところ，$y=-\frac{1}{2}x$ であったことを述べる）
教師：なんでそれがわかったか？〈H〉
大輔：（ノートのマス目から判断したと述べ）そしたら，そうしたときに，どういう作業が，その，2つの間に行われていたか，を考えたときに，まず－にして逆数にしたんですね，っていうのがわかったんですよ。
教師：これどう言うの？－をつけるっていう言い方と，〈B〉
大輔：逆にする。（その自分なりのルールを線分 AB にあてはめたことを述べる）

　この【事例2】における宮野教諭の質問は，〈C.　単独の値〉を生徒に求める質問から始まり，〈G.　考えの言葉での説明〉，〈H.　理由や根拠の説明〉，〈B.　一言での応答〉の要求をさらに追加し，生徒に説明の精緻化を促す構成になっている。大輔の学習プロセスは，数学的解決の流れにおけるstep 3と4から外れ，垂直に交わる場合の変化の割合が逆数にして符号を替える操作であるという現象を $y=2x$ で検証する方向へ進んでいた。【事例2】は，〈C.　単独の値〉の質問で始まるという点で【事例1】と異なっている。異種の質問で始まるにもかかわらず，この場面においても，宮野教諭の質問の継続によって，大輔の学習プロセスとその限界を，教室にいる生徒たちが共有できるような談話空間が生み出されていると捉えられる。

　教室談話からは，生徒の学習プロセスとして，［step 1］から［step 2］へ進んだのち，正解を得て，操作手順を知り，その理由として［step 3］を考

え，［step 4］に向かっていたと描くことができる。そして，いわゆる答え
を得たところで学習を終えるということが習慣化されずに，あくまでどのよ
うに考えるのか，なぜそのように考えることができるのかを問う学習が目指
されていること，および，そのような数学学習の関係性が，教師の質問の継
続と順序の工夫によって創造されていることが推察される。

4　教師の振り返り

　以上の結果を，先述したように宮野教諭に論文草稿として提示することで
フィードバックし，上の１〜３項に示された談話分析の結果についてそれぞ
れ授業者として考えること，および１年次から２年次，２年次の観察を終了
してから現在までの変化を振り返って記述することを依頼した。そのように
して得た，宮野教諭からの各項の結果に対する解釈記述および変化の振り返
り記述を，１項「教師による質問発話の全体的傾向」，２項「グループ終了
後の教師による初発の質問発話の傾向」，３項「教師による質問発話の特徴」
の順に検討した。

　まず，１項で顕著な違いとはいえなかった１年次と２年次の変容に対し，
宮野教諭は授業に質的な違いがあることを，次のように振り返って記述した
（Table 7-6）。

　この記述においては，教師の授業中における質問が，授業内容と関連して
いることが指摘されている。そしてその授業内容は，学習材としての難しさ
という単独の側面ではなく，学年が上がることによって既有知識が増えると
いう生徒の発達の面も合わせて捉えられている。数学は体系性の強い学問で
ある。たとえば，同じ関数領域の学習でも，伴って変わる二つの数量の変化
や対応を捉えることが学習内容であるが，それが中学校１年生では比例・反
比例，２年生では一次関数，中学校３年生では $y=ax^2$，高校生になると二次
関数と学年ごとに内容を変えて関数が学ばれるカリキュラムとなっている。
学年の変化は，座標平面上で言えば原点を通る標準形から様々な動きが伴っ

Table 7-6　質問と授業内容との関連

1年次と2年次の潜在的な変容を指摘する記述
学年が上がり，内容が難しくなるにしたがって，「高レベル」の質問の頻度が高くなるように思います。それは，学年が上がると数学としての既習事項が増えるため，今学習していることと過去の学習事項との関連が増えます。そのため，「なぜ？」という質問がしやすくなります。つまり，普通に授業をしていると，1年生では「なぜ？」という質問は多く発せなくなります。 　それゆえ，1年生では意識的に「なぜ？」という問いを用意して授業に臨んでいます。2年生は授業で何を学習するかという学習内容を中心に授業準備するのに対して，1年生では，どのような問いを出せば考えさせたいことを考えさせることができるかというように，授業で扱う「問い」を準備していました。

　てくることや，次数で言えば一次の世界から二次の世界へと次数があがることなど，抽象度の違いがある。このように前の学年で学習された知識が基盤となって，次の学年での同領域の概念の学習がなされるのが数学である。宮野教諭が単元間の知識の関連をふまえて授業内容とそれを学習する生徒の思考プロセスを考慮して，授業準備をしていることがうかがえる。

　また談話分析による数値の結果だけをみると（Table 7-2），「なぜ？」の質問に該当する〈H. 理由や根拠の説明〉の比率は1年次10.7％と2年次7.6％であり，さほど変わっているとは読み取れない。しかし，その背景には授業者の視点からして，何を学習させるかとどのような問いを出すかという授業準備の点で，違いが隠されていることがわかる。ここから，グループに与えて生徒に考えさせる課題そのものと，学級全体での議論として即時の応答を求める質問で，どのように生徒への問いを構成するかもまた異なっているかもしれないことが推察される。

　次に，2項で示された，1年次の生徒の考えを宮野教諭が集約したうえで肯定か否定を問い，議論が展開する教室から，2年次の宮野教諭が集約しなくても生徒が考えを語ることから議論が出発する教室への変容について，2年目の始めに意識化したことがあったかを尋ねた。すると，宮野教諭はまず，

Table 7-7　談話の変容と議論環境の整備との関連

1年次と2年次の変容に対する意図の記述
学級全体での議論の際にもグループの形を保つことの方が，その議論中に生じた疑問を少人数の話しやすい環境で議論したり，その結果として解決したりできると考え，学級全体での議論の際にもグループの形を保つようにした。しかし，学級全体での議論の際にグループの形を保つことは，しつけが必要なので，それには1年間を要したと考えている。

「一斉を補うグループ活動ではなく，グループ活動を補う一斉という授業に挑戦しようと思ったから」，「グループの形にしたらそのままの形で授業を終える」ことにしたと振り返った。それを当該学級で実行するに至った判断については，上記のように記述している（Table 7-7）。

　この振り返りの記述から，宮野教諭が，生徒が疑問を解消できることを最重要と考えており，そのような環境を整えるにあたり，質問という発話だけでなく，授業のねらいに適した机の配置や，そのための徹底した「しつけ」の必要という配慮が折り重なっていたことが明かされている。机をグループの形にするかコの字型にするかという選択は，その形のときの生徒の活動を方向づけるだけではなく，授業全体を通して生徒にどのように数学を学習する習慣を身につけさせるかというねらいを反映し，グループの時間だから活発に議論し，コの字型の時間だからグループで話してはいけないなどと生徒の学習を制限するのではないことが考察される。

　ただし，宮野教諭はその実現のためには「しつけ」が必要であると捉え，この「しつけ」について，3項で示した【事例1】と【事例2】の解釈の中で言及している。ここでの「しつけ」とは，何を議論するためのグループかを生徒たちに理解させることを意味し，Yackel, & Cobb（1996）が主張した「社会数学的規範」の概念と通じていると考えられる。

　【事例1】と【事例2】について宮野教諭は，「答えだけではなくて，どのように考えたのかを議論するという意味では同じ」と振り返った。ただし，

Table 7-8　質問方略と数学の学習観との関連

【事例1】と【事例2】に対する解釈の記述
答えが後で確認されると，理由を説明しているのにもかかわらず，答えが出てから自分の答えが間違っていると認識し，その時点になって「なぜ？」と問い始める生徒が出てきます。（中略）そのような理由から，先に答えを確認して，その理由の説明に関心を持たせるという方法をとったのが，事例2ということになります。 　生徒の心理的なプレッシャーを和らげることも狙っています。理由をある程度長く説明してもらうことになりますので，答えが合っているということを知らないと，説明してくれなくなってしまいます。また，答えにたどり着いていなくても，クラスのみんながたどり着いていないのなら，それはそれで気が楽にすむはずです。

　両者における方略の違いがあることを，その意図とともに語ってくれた。【事例1】の方が「論理展開があってから答えを示すという数学の解答の流れに沿うという意味で」，「数学の授業としても自然」としつつ，生徒の思考を配慮して【事例2】の方略をとっていることを，宮野教諭は上記のように記述している（Table 7-8）。

　この記述から，まず，説明を聴く側の生徒に配慮をしていることがうかがえる。聴いている生徒の視点に立ち，理由の説明に関心を持って聴けるように調整しているといえる。そして，説明する側の生徒にも同時に配慮している。長く説明するという心理的負荷を軽減させるために，答えがあっていて，学級にいる他者が聴きたがっているという環境を整えているといえる。それは同時に，答えを先に確認せず，どこまで進んでいるかを説明することから議論を始める場合にも通じ，学級にいる他者と同じように問題を抱えているという共通認識をもたせるという意識が働いている。

　このように，宮野教諭は答えだけではなく，どのように考えたのかを議論するという目指す数学の学習観が徹底しているうえで，説明を聴く生徒と説明をする生徒の両者を配慮して，議論の展開を決定していることがわかる。さらに，「「答えだけ出せても理由が言えなきゃダメ」というメッセージを強烈に発するためでもありました」とも述べ，その場での議論の展開だけでな

く，長いスパンでの生徒の学習を想定した判断であることも明らかにされている。

　以上より，談話分析によって示された宮野教諭の質問方略の特徴や変容は，この強いメッセージをもとに，生徒の心理や発達への細やかな配慮によって生み出されていたことがうかがえる。言い換えれば，質問の種類だけでは，教師が固有に導き出す教室での談話の構造はみえないことがわかる。客観的な談話分析のデータと教師の振り返りを合わせて検討することで，教師が生徒とともに成長し生成させる教室談話の描出が，一定程度補われたと考えられる。

第4節　総括的考察

　本章では，前章までに検討してきたように依存的ではなく協働的に援助要請が観察される学級の事例として，宮野教諭の談話を対象にその質問の傾向と特徴を明らかにするべく分析を行った。以下では，教室談話の中で発言のかたちで表れないがよく聴いたりグループ学習時に援助要請したりする生徒も含めてあらゆる生徒が学習しやすい協働的な数学学習の関係性を創造する教師の談話について示唆を得るために，宮野教諭の談話，および談話分析の結果から導かれる教室の談話の構造の特徴から得られる示唆について論じる。

　その結果，宮野教諭の談話の特徴として，1つ目に，あらゆる質問の種類に偏りのないこと，2つ目に，議論を始める質問の種類が固定化されておらず，未整理の考えでも発言しやすい問い方をも含んでいること，3つ目に，多様であるからといって答えを得る以上の質問を組み合わせるなど一貫した学習観が潜んでいることを見出した。さらに，その結果に対する宮野教諭の振り返りから，質問と授業に対する準備との関連や，談話の変容と議論環境の整備との関連とその意図や判断，そして一貫した数学の学習観とそれを実現するための生徒への配慮などの考えが明らかにされた。これらの結果は，

1学級の2年間の事例から教師の質問発話の傾向や特徴を，談話分析によって検討して明らかになった宮野教諭の談話の特徴である。ここから協働的な数学学習の関係性を生成させる教師の談話について示唆されることついて，次の3点を議論する。

　第1に，宮野教諭の質問には，特定のタイプの知識のみを求めるというような偏りがないことについてである。2年間の質問の構成は，既に行った計算の手続きや答えをただ述べるよう求めるだけでなく，生徒に言語化を求めることも含めて成り立っていた。その言語化させる内容も，数学の定義や性質がどのようなものであるか，どのように考えて結論を導いたか，なぜそうなるか，なぜそう考えるのかと，多岐にわたっていた。

　先行研究では，既に出ている答えや正答をすぐ応答するよう求める質問によって，生徒の談話が制限されることや（Turner et al., 2002），ある手続きをとった理由の説明をまったく求めない偏った質問の構成であると，グループの仲間に答えを直接教えるというように生徒の談話に反映されること（Webb et al. 2006）が示されている。しかし，第Ⅰ部で例として示した譲と真帆のような，また第Ⅱ部や第Ⅲ部で検討されたような，グループにおける相互作用が観察されていた宮野学級において，教師の質問構成を実際に分析した結果，考えの言語化の要求を含む偏りのない質問構成であることが浮かび上がった。そこから，生徒に考えさせ，それを最終解答の形に限らず言葉にすることを求める教師の質問構成が，生徒の談話を制限することの裏返しとして，説明構築に援助を要する生徒にとって直接答えを求めるばかりではない自律的な援助要請の仕方を誘発させる可能性があることが示唆される。グループにおける他者への援助要請の行為と学級全体での教室談話の因果関係を検討したわけではないため，結論付けることはできない。しかし，第Ⅲ部までで検討された相互作用が生起していたのも同学級における2年間の実践においてであることをふまえると，教師の質問構成と生徒間の自律的な援助要請との関連について，次の仮説が浮かび上がる。生徒に考えさせ，それを

言葉にすることを求める教師の質問構成によって創造される教室談話の構造に，援助を必要とする生徒がたとえ発言していなくてもよく聴くというスタイルによって参加することで，グループという生徒同士で議論する際にも談話の構造が反映され，答えや手続きのみを議論しても学習したことにならないという援助関係が促されるのかもしれない。教室の談話構造と生徒間の談話構造のつながりについて，さらに検討を重ねる必要が残されている。

　第2に，質問の順序が固定化されていないことについてである。議論の始めである，グループ議論を終わらせた直後の初発の質問を抽出して質問の種類の内訳を分析した結果，全質問発話でみられた傾向と比べ，高レベルの情報の応答を求める質問の比率が増え，種類は同様に多様であることが明らかになった。特に，考えの言葉による説明の要求が多かった。

　ただし，説明をどのように求めるかという点もまた，重要である。生徒に考えを説明するよう求めていても，その生徒の主張についてさらに精緻化させるような議論を求める質問を続ける教師の学級であるか否かによって，生徒のペアでの対話において異なる説明の仕方がなされることが指摘されている（Webb et al., 2008）。生徒の考えの説明は，そもそも整理されて完璧であるとは限らないことは想像に容易い。それは，言語化するうえでの限界，あるいはまだ思考の途中段階で理解が不十分であると捉えることが可能である。生徒同士の談話が授業において中心に据えられるのは，親や教師というより知識の豊富な者ではなく，共に学習途上である仲間がいる教室という場所で，社会的に認知を発達させるためである（Forman, & Cazden, 1985）。不十分な表現であっても何をどこまで考え，あるいはどこがわからなくなっているかを生徒に説明させ，そこから議論を精緻化させることの意義がみえてくる。

　第3節3項で述べたように，宮野教諭に頻繁にみられた具体的な問い方の特徴として浮かび上がったのは，「どんなことが，話し合われていましたか？」などと，必ずしも整理された考えの応答を求めるというのではなく，グループで何をどこまで議論しているかを説明させている〈G. 考えの言葉

での説明〉を求める質問であった。この特徴は，既にわかった生徒だけが発言するだけではなく，援助を必要とする生徒が参加しやすい雰囲気を創造する可能性があるといえるかもしれない。

　この点について宮野教諭は，実際にその意図からグループに指名していることを述べている。この学級では，グループに指名しても自分の考えを説明していた。その理由について宮野教諭は，「グループで考えているときに中心になって議論している人がいる」ため，その「中心人物が発表者になるケースは多い」が，「重要なアイディアを提示した生徒も発表者になるケースが多い」からであると指摘している。また，既に 4 項で言及したように，振り返りの記述の中で，学級にいる他者もまだ答えにたどり着いておらず，同じように問題を抱えているという共通認識をもたせる配慮で，質問を変えていることも述べている。援助を必要とする生徒を，質問発話によって支えられる可能性が示唆される。

　最後に，議論を精緻化させる方略に注目した結果，宮野学級には一貫した学習観があることが明らかになった点についてである。グループ議論の終了後に始めにする質問の種類は多様であり，2 年目に比率が高くなった種類は，答えを求める質問と考えの言葉での説明を求める質問であった。しかし，答えを得られたからといって宮野教諭はそこで議論を終わらせることはなかった。その話題を続け，低レベルの情報の応答要求による事実確認に加え，考えやその理由を言葉で説明することを求めていた。

　数学の概念的な理解のために，ディスコース・コミュニティ（Lampert, 1990）や教室規範（Yackel et al., 1999）という枠組みで，教室で数学を学習するとはどういうことかについて協働生成する学級の重要性が指摘されている。質問の順序がパターン化されることはなく，しかし答えが出たら終わりではないという一貫した質問の組み合わせがある宮野教諭の談話は，生徒が数学の概念を探究するような数学の学習として質を向上させる方略の 1 つであるといえるかもしれない。

　ただし，これらの談話の特徴があらゆる教室に適すると示しているわけではないことには注意が必要である。これらの知見は，この学級のこの2年間であらゆる生徒が協働的に数学を考える授業を望んで改善を続けた宮野教諭の2年間の軌跡である。宮野教諭が生徒とともに，またある部分では筆者とともに創ってきたものである。宮野教諭の授業研究は現在，次のステップへ進んでいる。本章で分析した2年間の後について宮野教諭は，「一向にうまくいかないのは，最後のまとめ」であり，「最終的にはすべて私が引っ張っていました。2年間の悩みでした。」と，振り返りの記述の中で語っている。最近では，「授業中にまとめると授業後活発に生徒が議論していない。逆に，まとめないと生徒は活発に議論する。」という発見をきっかけに，解消しつつあるという。そして，「でも一貫しているのは，生徒が考えること，その結果，授業に活気があることです。活気といっても，静かで知的な空間の確保ですが。」と，振り返りを締めくくっている。

　この一連の授業研究プロセスを整理したものを Figure 7-3 に示す。宮野教諭の授業観は，本研究の授業観察が開始する前から変わり始め，2年の間に授業のスタイルを修正していた。談話分析の結果とその構造の解釈によって明らかにされるものは，宮野教諭の努力の賜物である。さらに，観察が終わっても新しい問題と向き合い，その解決に取り組み続けている。概して，宮野教諭は目標を更新し，よりよい数学学習の関係性を教室に創造するために授業を省察し研究し続け，そのプロセスは循環的である。この2年間の授業研究は，生徒が協働的に数学を学習する関係性の創造を支えた事例として意義を持つと考える。

　以上のように，本章では，学級全体での議論場面で発言をする生徒もしない生徒も含めたあらゆる生徒が協働的に数学を学習する関係性を創造するための教師の役割について明らかにすることを目的とし，生徒が支え合って考える授業を探究し，改善すべく努力を重ねる教師の2年間にわたる授業実践を検討した。数学学習の関係性を捉えるために教師の質問発話の分析を行い，

時期／主体	授業研究（省察）		解釈（談話構造）	談話分析（教師の質問発話）
	考え	行動		
	教師	教師	研究者	研究者
観察前	「わかりやすく教えたい」⇩「授業中，生徒にはじっくりとかんがえてほしい」	説明のための教具作りに夢中⇩生徒が熟考できる題材を探究するグループを多く取り入れる		
観察中（2 年間）	学年が上がって内容が難しくなるにしたがって，高レベルの質問の頻度が高くなる	「なぜ？」という問いを意識的に準備⇩学習内容を中心に準備	宮野教諭が生徒の考えを集約したうえで，肯定か否定かを問うようにして議論を主導する⇩宮野教諭が生徒の考えを集約することなく，生徒に考えを述べさせるようにして議論を主導する	〈全質問発話〉さほど変化なし
	一度グループの形を作ったら，そのままの形で授業を終わらせたい	方略1：数学的解決の自然な流れにそった論理を展開させる		〈グループ後の初発の質問発話〉〈A．はい／いえの回答〉が減少
	答えだけではなく，どのように考えたのかを議論してもらいたい	方略2：答えをまず確認し，その後，理由の説明をさせて，興味を持つようにさせる		〈C．単独の値〉と〈G．考えの言葉での説明〉が増加
	生徒の心理的プレッシャーを和らげたい			高レベルと低レベルの質問発話の組合せ質問発話の順序の逆転
観察後	授業の終わり方をどのようにすればよいか⇩解消しつつある…	授業の終わりに内容をまとめる⇩授業の終わりに内容をまとめない		

Figure 7-3　本事例研究の授業研究プロセス図

上述のような特徴と変容があったことを示した。さらに，その結果に対する教師自身の振り返りの検討をあわせて行い，教師の授業準備に対する考えや，授業中の議論を展開する際の判断，一貫した数学の学習観があることを明らかにした。これらは，客観的な談話分析の結果とあわせて焦点を絞って教師の省察を促すことによって補われた，質問の種類だけでは描き出すことのできない，教師が生徒とともに成長して教室に創造された談話の構造に対する教師の深い省察である。

　1つの学級での観察，および授業の振り返りを長期間継続し，教師と生徒と時間経過をともにすることで，教師が自身の数学の学習観に基づいた談話の構造を教室に創造するプロセスを体系的に検討することができ，教師と研究者とともに授業研究することの重要性を示せたといえる。談話分析からは，より長期間の多様な課題を含んだ授業に即した教師の質問発話の分析の精緻化を提供することができたといえる。

　ただし，以下の課題が残されている。第1に，長期的にフィールドに入って，教師とともに授業を振り返る授業研究が容易に実現できるわけではないことである。本研究が可能になった背景として重要だと考えられるのは，宮野教諭に目指す授業のヴィジョンが明確にあったことと，筆者が観察者に徹して授業に干渉しなかったことである。干渉しなかったというのは，筆者が決して指導的立場や実験課題の依頼をする立場にあったわけではないことを示す。つまり，第2章第1節で述べた通り，宮野教諭と筆者は授業後に時間の許す限りでその日の授業について対話を行っていた。宮野教諭はその日の学習のねらいや感想，普段からの数学の授業観や学習観を語り，筆者はその日の授業でみえた生徒の具体的な学習の様子を話し，数学の内容やねらいについて質問をすることもあった。実践者・観察者のそれぞれの互いの視点からみえるものを語り，みえにくいものを共有するようなこの関係は，強制力はないものの，互いに影響を及ぼし合っていたことは確かである。

　しかし，本研究では，授業観察期間における宮野教諭と筆者の授業の振り

返りの対話の分析ではなく，全授業の観察を終了した後，談話分析という客観的な結果の提示による振り返りの記述の分析を行う手法をとった。焦点を絞られた振り返りであったことは深い省察が導かれる意義があるが，互いの関係が授業実践や省察の方向性に与えた影響は検討できなかった。教師と研究者の関係性が異なれば，授業研究の様相も当然変わるといえる。教師による研究者と協働した授業研究をさらに体系的に明らかにするためには，今後両者の関係性に着目した事例の蓄積が必要である。

　第2に，教師の談話分析の点から，数学科に固有の質問発話として捉えるためには，領域固有性について検討する必要があることを指摘できる。本研究では，協力学級で観察された授業内容に即して，修正のうえ作成した。一部幾何の内容が扱われたものの，主に代数・関数領域であり，数式の処理が求められる内容である。幾何だとすれば，学習の対象物としてことばや数式の他に図が重要となる。たとえば，補助線を引けることとそれを引いた理由を説明できること，さらにそこから必要があれば式を導き説明することなどが生徒に求められると考えられる。また，高校数学になり，既有知識が増え，知識の関連づけが複雑になった場合，生徒に求められる応答の水準の幅が広がることも考えられる。したがって，領域による差異，あるいは発達段階による差異について検討する必要が残されている。

　第3に，本章では学級全体での議論における教師の質問発話に特化して分析したが，グループ議論中の生徒の発話との関連付けや他の方略の可能性について論じることができなかった。特に，グループ議論を終えて，学級全体での議論を始める初発の質問に焦点をあて，いかに議論を展開させるかを検討したが，グループ議論を始めさせる教師の指示の出し方については本章では検討できなかった。第3章で検討した課題の提示の仕方の違いはグループ中に生徒に求める思考プロセスによるものであり，グループ後との関連まで検討していない。グループを始めさせる前，中，後の関連に着目して教師の発話を今後検討することが求められている。

第Ⅴ部
結論と残された課題

第8章 数学の授業における援助要請に着目した相互作用プロセス

第1節 総括

　本研究は，援助要請を起点とした相互作用プロセスはどのような特徴を持ち，状況の違いによってそのプロセスはどのように異なるのか，また依存的でない援助関係が創造された教室における教師の談話の特徴とその信念はどう関連しているかという問いに基づき，援助要請とそれに付随する相互作用プロセスの特徴を中学校数学科の授業における社会的状況に位置づけて明らかにし，それを支える教師の支援を検討することを目的とした。第1章第1節において，上記の目的を達成するための本研究の理論的枠組みとして，生徒が数学のわからなさを積極的に他者に開示して精緻な援助を引き出すという協働的な学習のあり方をみるための視点として援助要請を捉え，援助要請を起点とした発話の連鎖として相互作用を捉えることを述べた。

　そして，第1章第5節で，数学の理解の側面に関する研究と教室談話の研究から援助要請を起点とした相互作用を捉えるための視点を検討し，以下の7つの研究課題を導出した。それは，①数学の理解プロセスを生徒の援助要請と聴くという行為から明らかにする，②数学の問題解決の進行にそった援助要請の行為と相互作用の特徴を明らかにする，③課題構造に応じた相互作用の変動を援助要請の行為に着目して明らかにする，④数学の話題に応じた相互作用の変化の中で援助要請の持つ意味を明らかにする，⑤条件の違いに応じた生徒間の関係性の変動を明らかにする，⑥援助要請が生起する教室の協働的な関係性を教師の質問発話に着目して明らかにする，⑦協働的な関係

性の創造に対する教師の役割を教室談話と教師の省察から明らかにする，という7点である。これらの課題を検討するにあたり，本研究では1名の教師の1つの学級における2年間の数学の授業の参与観察を行い，ビデオ1台と各グループに1つずつ配置するICレコーダーによって収集して作成する談話記録に基づく談話分析と，生徒のノートの記述分析を行うことを第2章で述べた。以下ではまず，上記7点の課題について実証的に検討した第3章から第7章までで得られた知見を各部ごとに整理し，次にそれらを通して総括的考察を行う。

1　第Ⅱ部のまとめと考察

　第Ⅱ部では，生徒個人に焦点をあて，時間経過に伴う学習プロセスの特徴を質的に検討した。

(1)　第3章の知見のまとめ

　第3章では，研究課題①数学の理解プロセスを生徒の援助要請と聴くという行為から明らかにするために，学級全体では発言しないがグループでは様々なわからなさを表出していながら方程式・不等式の試験で満点をとった真帆という生徒を対象とし，文字式の理解を試験問題から操作的に定義して真帆の文字式理解プロセスを分析した。そして，理解プロセスにおける困難に，真帆が学級全体での議論を聴くこととグループにおいて援助要請することで対処していたことから，それぞれの行為の特徴と関係を検討した。

　その結果，まず，真帆が文字式に対して操作的／構造的見方のいずれもできない理解状態から，方程式・不等式の授業を経て，それぞれの解法の意味を理解するに至ったことが描かれた。そのプロセスでは，板書や発言の機械的な写しではなく自分の言葉で言い換えて再構成してよく聴いていたことや，具体的に粘りづよく援助要請を行っていたことが明らかになった。

　ただし，これらの行為が行われているにもかかわらず，誤解が生じたり理

解が定着していなかったりすることも観察された。また，その場面だけ切り取ると他者依存的とも解釈できる援助要請の仕方も観察されたが，能動的に聴く態度があった後の場面であるという文脈をふまえると，真帆が誤解を解消して理解を先へ進めるうえで有効に働いていたケースや，グループでの議論の際に積極的に援助要請を行っていたにもかかわらず十分に理解が定着しなかった後に，教師や他の生徒たちによる学級全体での議論を能動的に聴くことによって理解が補われたケースもあった。このように，聴くという行為や援助要請行為が文脈依存的であることが示された。

⑵　第4章の知見のまとめ

　第4章では，研究課題②数学の問題解決の進行にそった援助要請と相互作用の特徴を明らかにするために，生徒たちが互いに自他の理解状況をどのように確認しあっているかを発話とノートから捉えながら，問題解決プロセスを分析した。要請対象者としてできたと表明していないかいるかに大別され，それぞれの場合の要請内容が，前者に対しては自分の全くのわからなさ，自分の考えの破綻箇所，自分の考えの是非の3種類，後者に対しては他者の用いた解法，他者の解法の意図，既習の数学の内容の3種類に帰納的に分類された。この6事例の相互作用から援助要請行為の特徴を検討した。

　その結果，まず，グループによる問題解決プロセスでは，課題を解決したと表明する生徒が現れていなくても，援助要請者と同じくまだ解決してない生徒に援助要請することで，互いに解決する契機を得たり，互いの理解を進展させたりしている様子が明らかになった。

　そして，グループの序盤から中盤に生じると考えられる，できたと表明していない他者への援助要請から始まる対話では，〈混乱の宣言〉，〈誤り〉という問題を焦点化できていない種類の援助要請が主にみられた。また，援助を求められた側の生徒の理解が進展した事例が3事例中2事例でみられた。問題を解決できていない生徒同士の対話では，たとえ焦点化されていなくて

もわからなさを発信することで，それが他者にとっては考えるためのヒントとなり，議論が進展しうることがうかがえた。

　また，グループの中盤から終盤にかけて生じると考えられる，できたと表明した他者への援助要請から始まる対話では，具体的に質問を継続する援助要請パターンや説明を精緻化させる援助行動がみられた。これまで援助要請の行い方という形式的側面が取り上げられてきたが，他者の用いた解法，解法の意図，課題として与えられていることから遡って既習の数学の知識と，要請内容が様々であっても，それらは通用することがうかがえた。

　このように，要請内容に着目してみると，解法そのものを尋ねるだけでなく，自分にとってのわからなさや解法の意図，数学の既習内容を尋ねていた。このことは，数学の問題解決プロセスに，問題を解けることの他に数学を理解するとはどのようなことだと考えるかという数学の学習観が潜んでいることも考えられる。

⑶　第Ⅱ部の意義

　以上の第3章，第4章のまとめから，第1章で論じた研究課題に照らした第Ⅱ部の意義として，次の3点を指摘することができる。

　第1に，援助要請を単元単位および授業単位の授業の文脈に位置づけて，状況依存的なものとして捉えたことである。援助要請を実行するまでの認知プロセスに関わる諸要因を検討してきた先行研究の知見に加え，本研究では時々刻々と変わる授業中の状況を生徒がどのように経験し，どのようなタイミングで誰に何をどのように援助要請しているかを捉えた。

　ここからさらに第2の点として，数学の理解プロセスにおけるつまずきを，解法選択の判断やメタ認知機能という認知的な側面からではなく，授業中の生徒の行為の側面から明らかにできたといえる。単元単位の授業文脈では，数学の概念を学習するにあたり，生徒は様々なつまずきに直面するが，たとえば単元の始めの頃では，何がわからないかがわからないという状況に陥る。

それは，数学の理解深化を知識と知識を関連づけて統合することであるとするならば，単元の始めにはその概念を統合して完成させるために何の既有知識が必要で，自分にそれらのうちのどの知識が足りないのかを自覚できず，単元が進むにつれて徐々に整理されるプロセスであるという仮説が導かれる。このような状況の変化の中で，援助要請は単独でその質の良し悪しによって学習に効果をもたらすだけではなく，既有知識の整理のなされ具合という理解状況によってその前後のつまずきへの対処行為と補い合うことによっても有効に働くことが浮かび上がった。

　また，授業単位の文脈として第3に，グループでの数学の協働的な問題解決にみられる相互作用プロセスについて，解決したと宣言する生徒が現れる前と後で段階的に特徴を明らかにしたことも指摘できる。問題表象をつかみ，計画を立て，実行するというあるべき問題解決の段階を枠組みとせず，生徒がどのように問題に出会い，どのように他者と関わって問題解決プロセスを経験しているかを帰納的に捉えた。どのような相手に援助要請をしているかを同定したことで，必ずしも先に理解が進んでいるとは明確になっていない同じわからない者同士でも対話をして学習を進めている様子を描き出すことができ，それによって援助要請が本人にとってだけでなく要請された方にも利益があることが示唆された。どのような内容を援助要請しているかに着目することでは，先の単元単位の文脈と同様，始めは自分が何をわからないのかを自他ともに探り，徐々に他者の解法やその考え，既習内容について具体的に質問するように変化していくことが浮かび上がった。数学の協働的な問題解決として，問題表象から知識の関連づけおよび統合という段階へ変化するときの相互作用プロセスが，援助要請という行為から微視的に明らかにできたといえる。

2　第Ⅲ部のまとめと考察

　先の第Ⅱ部では，生徒個人の学習に焦点をあて，時間の経過とともに変化

する相互作用プロセスを検討した。しかし，授業中のつまずきに対してとるグループの他者への援助要請行為とその相互作用の変化は，時間の経過だけではなく，学習環境として与えられる条件によっても影響を受けると考えられる。そこで第Ⅲ部では，グループという学習集団に焦点を移し，発言量の点では同等に議論に参加していた1グループを対象に，課題構造やそれに伴う議論内容という課題の違いに応じたグループにおける相互作用の変動，およびそのプロセスにおける援助要請の意味を，量的および質的に検討した。

(1)　第5章の知見のまとめ

　第5章では，研究課題③課題構造に応じた相互作用の変動を援助要請に着目して明らかにすることと，研究課題⑤条件の違いに応じた生徒間の関係性の変動を明らかにすることを達成するために，授業で教師が提示した課題を，生徒が正しく答えを得ることが目指された《解決志向課題》と，生徒が数学における定義や性質に立ち戻りながら，なぜその解き方がよいかを探究することが目指された《意味理解志向課題》の2つに分類し，各課題に取り組むグループの談話記録を生徒間の援助関係に着目して分析した。得られた40事例について，議論の内容，援助要請と援助の比率やそれぞれの種類の出現率，さらに生徒それぞれの援助要請と援助の種類の出現率を，課題の目的別に比較検討した。

　その結果，以下の3点の知見が得られた。第1に，《解決志向課題》に取り組む場合には，該当の問題を解けた生徒が解けない生徒に対して，知識を伝えたり解き方を教えたりする談話が生じやすかった一方で，《意味理解志向課題》に取り組む場合には，正しい知識やルールが話されるよりも，自分たちのこれまでの思考や問いを話題として探究する協働的な談話が生じていた。課題の提示の仕方によって，同じ生徒たちでも議論する内容の特徴が異なる傾向にあることが明らかとなった。

　第2に，《解決志向課題》の場合には，援助要請では〈混乱の宣言〉，援助

では〈短答〉の出現率が高く，《意味理解志向課題》の場合には，援助要請では〈誤り〉が多く出現し，援助では〈意味の説明〉や〈問題点の整理〉が出現していた。課題で求められる方向性が異なることによって，頻出する援助要請の種類が変わり，それによって援助の種類も変わり，したがって議論の進行のされ方が変わっていることが示唆された。

　第 3 に，《解決志向課題》と《意味理解志向課題》に取り組む場合とで，真帆と譲は援助要請と援助のバランスが変わらないのに対し，隆之と由佳は援助要請と援助のバランスや発言量が変わっていた。また，それぞれの生徒の援助要請および援助の種類の出現率が課題によって異なっていた。援助要請と援助のバランスだけでなく，どのような援助要請・援助を行うかというグループの学習に対する生徒の役割が変わっていることが示唆され，課題の目的に応じて生徒のグループへの参加の仕方，および関係性が左右されていることが明らかになった。

(2)　第 6 章の知見のまとめ

　第 6 章では，第 5 章の知見をより精緻にするために，第 5 章で得られた議論内容ごとに，相互作用における発話の連鎖を質的に分析した。対象とした 1 グループで帰納的に分類された議論内容は，手続きを 1 つずつ教えている［手続き教示型］，答えを知っている生徒が援助要請者に対して事実を伝えている［知識伝達型］，計算など操作をしながら考えの正当性を確かめている［検証型］，これまでの自分たちの議論や問いを振り返って考えている［解釈型］の 4 タイプであった。分析の際，研究課題④数学の話題に応じた相互作用の変化の中で援助要請の果たす意味を明らかにすること，研究課題⑤条件の違いに応じた生徒間の関係性の変動を明らかにすることを達成するために，対象としたグループにおいて精緻な援助がなされなかった［手続き教示型］や［知識伝達型］と，精緻な援助がなされた［検証型］と［解釈型］の場合とで援助要請の機能について比較検討した。

　その結果，以下のことが描き出された。第1に，対象グループにおける［手続き教示型］と［知識伝達型］の対話では，1つの援助要請に対して〈事実の説明〉や〈短答〉という援助ですぐに終わりを迎える一問一答の対話がみられた。一連の式変形に関するという話題のなかでも短い対話ターンが水準を変えることなく繰り返されるという問題解決に向けた相互作用プロセスがあることが浮かび上がった。また，援助要請の意味として，［手続き教示型］では何かの理解を得るためではなく，答えを得る手段であったこと，［知識伝達型］では断片的知識を伝達してもらうための手段であったことが推察された。

　第2に，対象グループにおいて精緻な援助が観察された［検証型］と［解釈型］の対話では，援助要請者の誤ることをおそれずに自分の考えを具体的に述べる行為によって，本人の理解状況が援助者に伝達され，援助者が必要な援助を提供することができていた。あるいは，援助要請者にとって援助内容が十分でないと判断された場合には，訊き方を変えながら援助要請を続け，援助者は要請者とのやりとりを経て必要に応じて援助を精緻化させていた。

(3)　第Ⅲ部の意義

　以上の第5章，第6章のまとめから，第1章で論じた研究課題に照らした第Ⅲ部の意義として，次の2点を指摘することができる。

　第1に，グループのメンバーが同じでも，教師が生徒に求める思考プロセスの違いに基づく課題提示の仕方の相違によって，生徒間の関係性が動的に変化することを示したことである。援助要請はできていない生徒ができている他者という明確な援助者に向けて行う場面という構図の中で検討されてきたが，本研究では1つのグループの課題構造による相互作用の相違を検討したことによって，グループでの生徒の役割は交替することがあることを示せた。言い換えると，グループでの生徒の学習を捉える視点として，この生徒は援助をする生徒，あの生徒は援助要請をする生徒として役割をあてはめる

のではなく，この場面では自信を持てずに援助要請しているが，別の場面では自信をもって他者に援助をしているというように，生徒の学習を多面的に捉える視座を得たといえる。また，そのために課題の提示の仕方を工夫することの重要性が改めて指摘できる。

　第2に，数学の議論の内容によって，何のための援助要請であるかという意味に違いがあると示唆されたことである。グループの中でどのような話題で問題が議論されているかを，新しい論点を提出している援助要請に着目して帰納的に検討したことによって，今は知識や手続きを確認することを求めているのか，それまでに行った手続きがどういう意味であったのか振り返ることを求めているのか，という話題を詳細に描き出すことができた。そして，その求められる話題によって，援助する生徒は今何を求められているかを見極めながら，その状況に応じた援助を行うこととなり，発話の連鎖として相互作用が一問一答の短いターンの反復となるか少しずつ内容を変えた連なりとなるかなど変化が生じることとなる。要するに，本研究では発話の連鎖の始まりを考えの提案に替わって援助要請として捉えたことによって，考えを主張できる生徒に限らず，援助要請をする生徒であっても，グループで中心となって議論を進めていける可能性を示したといえる。

3　第Ⅳ部のまとめと考察

　ここまでの第Ⅱ部，第Ⅲ部では，協力学級における授業中の生徒の相互作用プロセスとして，互いに援助して支え合うことで数学の学習を進める様子を微視的に明らかにしてきた。しかし，これらの生徒の相互作用が生成された教室単位の数学学習の関係性は明らかにされていない。そこで第Ⅳ部では，生徒の学習から教師の学習へと焦点を移し，他者からの援助に支えられて学習する生徒が授業で数学の理解を深められる教室の談話の構造を，教師がいかに創造できるかを検討した。

⑴　第7章の知見のまとめ

　第7章では，研究課題⑥援助要請が生起する教室の協働的な関係性を教師の質問発話に着目して明らかにすること，研究課題⑦協働的な関係性の創造に対する教師の役割を教室談話と教師の省察から明らかにすることを達成するために，協力学級の1年次から2年次にかけて収集した全教室談話記録から，生徒の参加と学習の機会を与えたり制限したりする教師の質問に焦点をあてて，全質問発話とグループ議論の終了後の初発の質問発話における各種類の出現頻度から教師の質問傾向と2年間の変化を量的に分析した。また，代表事例から質問発話の連鎖を質的に検討した。さらに，その談話分析結果のフィードバックに対し，授業者である協力教師が回顧的に省察した記述の検討をあわせて行った。

　その結果，宮野教諭の談話の特徴として，既に行った計算の手続きや答えをただ述べるよう求めるだけでなく，数学の定義や性質がどのようなものであるか，どのように考えて結論を導いたか，なぜそうなるか，なぜそう考えるのかなどの多岐にわたる内容の言語化を生徒に求めることも含めて成り立っていたことが明らかになった。このような教室談話は，生徒同士のグループの場面にも反映され，答えや正しい解き方を議論するだけでは数学を学習したことにならないという教室の数学学習の関係性のもとで相互作用が成立するかもしれないことが仮説として導かれた。

　特に，宮野教諭に頻繁にみられた具体的な質問の仕方として浮かび上がったのは，「どんなことが，話し合われていましたか？」などと，必ずしも整理された考えの応答を求めるのではなく，グループで何をどこまで議論しているかを説明させる質問であった。既にわかった生徒だけが発言するだけではなく，理解に他者からの援助や時間を要する生徒が参加しやすい雰囲気を創造する可能性があることが推察された。

　また，宮野教諭の議論を始める最初の質問は，答えを求める質問か考えの言葉での説明を求める質問かという違いがあったが，質問の重ね方にも特徴

があった。答えを得られても議論を終わらせず，事実確認，および考えやその理由の言葉での説明要求を続け，話題を掘り下げていた。質問の順序がパターン化されることはなく，しかし答えが出たら終わりではないという一貫した質問の組み合わせがある宮野教諭の談話は，生徒に数学の概念を探究するような数学の学習を促すための方略の 1 つとして考えられた。

　ただし，上記の宮野教諭の談話に示されたこの特徴は，そのままどの教室，どの教師に対して万能であることを示すわけではなかった。談話分析の結果に基づいた振り返りの中で宮野教諭が言及したように，授業に対する考えが「わかりやすく教えたい」から「生徒にはじっくりとかんがえてほしい」へと変わる中で，その実現のために目の前の生徒たちの様子を見ながら，授業準備段階での問い作りと内容の構成にかける力配分や授業中の議論を展開する際の判断，数学の学習に関するメッセージの発信など，工夫を重ねて行動に移してきた授業研究の軌跡であった。

(2)　第Ⅳ部の意義

　以上のまとめより，第 1 章で論じた研究課題に照らした第Ⅳ部の意義として，次の 2 点が指摘される。

　第 1 に，教師自らの数学の学習観を反映させた教室の談話の構造を，質問発話に着目した教室談話分析により描出できたことである。先行研究によって指摘されていた質問発話の内容・方法・つなげ方の重要性をふまえ，本研究ではグループ終了直後の初発の質問発話を抽出し，対照的な質問から始まる代表事例における発話の連鎖を分析する手法をとった。これにより，生徒の説明から始まってそれを精緻化させる質問を重ねるという議論の展開の他に，解答を先に共有してから理由を問うていく展開があるというように，議論展開の複層性を示すことができた。さらに，その結果に基づく教師の回顧的な振り返り記述を合わせて検討することによって，それぞれの議論展開には数学的に自然な流れであることと，答えを正しく導けなかった生徒に対す

る理由への関心の保障や精神的重圧の軽減などの配慮という別のねらいがあり，しかしいずれも答えを得るだけではなく理由を考えられることが数学を学習することであるというメッセージに由来することが明らかになった。発話の連鎖を複層的に描出し，教師の振り返りを合わせて検討することで，談話分析単独よりも豊かに，教師がその教室の生徒とともに成長しつつ創造する数学学習の関係性を解釈することが可能になったといえる。

　このことは同時に，第2の点として，教師の深い省察を導き出すことにもつながったことが指摘できる。質問項目を設けたりビデオ記録で再生刺激を行ったりして授業実践を想起しながらの振り返りとは異なり，本研究では焦点を絞った談話分析の結果を提示したうえで振り返ってもらう手法をとった。教師は自分が意識して行っていたことが客観的に示されているかを確認し，示されているか否かにかかわらず，結果に表れたことも表れなかったことも分析視点に対応する結果と授業実践の記憶とを比較しながら省察する。それにより，観察期間の前後も含め，長期にわたる教師の目指す授業ヴィジョンとその実現のための授業改善の循環的な授業研究の軌跡を浮かび上がらせることができたといえる。

第2節　援助要請を起点とした中学校数学の　　　　　相互作用プロセスのメカニズム

　以上，本研究の意義について各部ごとに整理した。本節では，援助要請者の視点から中学校数学科の授業における相互作用プロセスを捉える際のメカニズムについて，各部を通して明らかになったことを考察する。第1章で示した作業仮説モデルである，援助要請者からみた教室における社会文化的状況をもとに，当該学級で生徒の援助要請を起点とした相互作用プロセスを左右した要素を整理したのが Figure 8-1 である。援助要請は，どのような状況のときに，どのような相手に（対象），どのような内容を（内容），どのよ

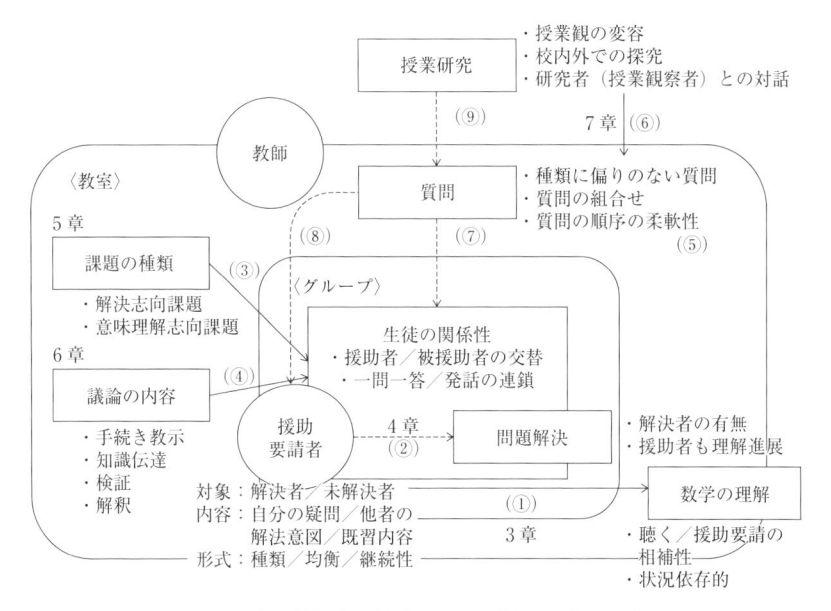

Figure 8-1　中学校数学の授業における援助要請を起点とした
　　　　　　相互作用プロセスのメカニズム

うに行ったか（形式）を視点として捉えることができる。状況を捉える枠組みは，時間の経過の軸，話題としての条件の相違の軸，そしてそれらの基盤となる教室の談話の構造である。

　時間経過に関する第1の要素は，単元ごとの授業における援助要請の行われるタイミングである（Figure 8-1の①）。生徒が学習するのは援助要請したときだけとは限らない。援助要請していないときにも学級全体での議論を能動的に聴いていたり，ずっと前の未解決のままの議論の続きを後のグループの時間で再開したり，生徒は様々なかたちで談話を媒介として学習している。一場面だけを切り取って，短く答えのみを問うような決して良質とはいえない尋ね方をしていたとしても，その前後で自分の考えをベースに他者が行っている議論を能動的に聴いていたとしたら，それは学習にとって有効に機能

した援助要請であったと捉えられる。反対に，尋ね方を変えながら具体的に粘り強く援助要請していたとしても，既有知識が整理されていなければその場でのみ適用される浅い理解にとどまってしまうこともある。生徒が安心して深く学習できる環境を整えるには，単元単位で授業を構成する際，生徒がどのようなつまずきを抱えやすいのか，そして学習への向き合い方がその都度の状況に依存していることに意識を向けることが重要であると示唆される。

　第2の要素は，数学の問題解決の進捗状況である（Figure 8-1 の②）。生徒はグループになると，自他の理解状況を互いに確認しながら手探りで課題に取り組み始める。グループ内に課題を解決したと明確にわかる生徒が現れない初期の段階では，何がわからないかもわからないような自分の状態を開示するような内容の援助要請が，必ずしも答えを返してくれるとは限らない相手に対しても気楽になされる。それを契機に，援助を要請された方の取り組みが促されることも生じる。そして課題を解決したと宣言する生徒が現れると，解法そのものや，なぜその解法をとったのか，数学の既習内容への質問などが尋ねられる。協働して数学の問題解決を行う場合には，状況に応じて援助要請の行為とそれにともなう相互作用のあり方に変化が生じる。ただし，解決した生徒がまだ解決していない生徒に答えを教えるというワンマンショーのような相互作用が生じる可能性もある。対話を答えの伝達に留めさせないためには，他の要素をあわせて追及する必要があるといえる。

　次に，条件の違いに関する第1の要素は，課題の種類である（Figure 8-1 の③）。この場合の課題の種類というのは，生徒にグループで取り組ませる課題が何をねらった課題であるか，すなわち解決して正しい解答を得ることを優先した課題なのか，あるいはなぜその解法で解が求まるのか説明を考えることを優先した課題なのかを示す。このような教師の課題の提示の仕方によって，一方の課題の際には主に援助する側であった生徒が，もう一方の課題の際には援助を要請する側になるなど，生徒のグループでの役割が変わる場合がある。さらには，どのような種類の援助要請や援助をするかもまた，

課題によって変わる。教室に様々な学習の仕方をする生徒がいる中で，特定のタイプの生徒を排除してしまわないために，課題のねらいの定め方を工夫することの重要性が指摘できる。

　また，課題の種類が異なれば，課題を与えられて実際に生徒が議論する内容もまた左右され，そこで観察される生徒の援助要請の機能や相互作用のあり方もまた変わる（Figure 8-1 の④）。生徒が議論する内容の形式は必ずしも課題の種類で明確に決定されるわけではないが，議論する内容の形式によって，援助要請と援助の一問一答に準じる短い対話パターンが断続的に生起する相互作用，援助要請と援助がそれぞれ形や質を変えながら一連の話題について対話する相互作用のいずれが代表的にみられるかに違いが生じる可能性が示唆される。生徒の相互作用を規定するのが，援助要請の個人特性によるものとは限らず，与える課題や論じさせる内容の方向づけも含まれることがうかがえる。

　そして，以上の点の基盤をなすと考えられる要素が教室の談話の構造である。その教室で数学を学習する関係性に反映される教室の談話の組織に着目すると，生徒への質問の内容・方法・つなげ方に数々の工夫がみられる（Figure 8-1 の⑤）。しかし，その工夫の背景にみられたむしろ重要な点は，教室で生徒にどのように数学を学習してほしいかという信念をもとに，校内外の協力者と共に自身の授業実践を振り返り，準備し，また実践に臨むという教師主体の日常的な授業研究そのものであると考えられる（Figure 8-1 の⑥）。学年が上がると，生徒は発達し，数学の内容もより難易度が上がる。教室にいる生徒も扱われる話題も変化する状況の中で，その都度最適と思われる教室談話を組織できるよう，教師が課題意識を持ち具体的に授業を改善する努力が教室談話に表れる。そして，柔軟に質問を考えることが教室の数学学習の関係性の構築ないし維持につながる。数学を学習することが，なぜと理由を問い，熟考することであるという教室であれば，個々の生徒は教師が日常的に理由を問う習慣から教師がいない場面でも自ら理由を問いやすく

なり，または答えを確認してから理由を問うという順序や答えを発表させず
に問題を解決できていないありのままの状況で困っていることを問うという
他者との関わり方から，自力で解決することや自らの解答に対して自信が持
てない生徒でも落ち着いて考えることが保障される。生徒の授業中の援助要
請は，授業場面からのみ捉えられるのではなく，教師が教室内外で日常的に
行う授業研究の努力とも合わせて捉えられるべきであることが示唆される。

　以上のように，教室内外の様々な要素が生徒の援助要請，ないしそれを起
点とした相互作用プロセスにおける談話の質を左右することが明らかとなっ
た。そして談話の質が左右されると学習される数学の理解の側面も影響を受
け，生徒の数学の理解深化につながると考えられる。中学校数学科における
援助要請を起点として相互作用プロセスを授業の状況に位置づけて検討した
本研究の知見は，いつも援助を要請する生徒と援助する生徒，いつもわかっ
ていない生徒とわかっている生徒という関係に固定化せず，どのような立場
にいるにとってもお互いから学び合うよう協働的に数学を学習する教室環境
のデザインに向けて新しい視座を提供しているといえるだろう。

　ここで示された教室における援助要請を起点とした相互作用プロセスのメ
カニズムは，次節で残された課題としても指摘するように協力学級における
メカニズムであって，どの教室でも通用するモデルとは言い切れない。しか
し，第4章で援助要請者の問題が焦点化されていない援助要請を契機として
援助を要請された側の生徒の理解も進展して問題解決が進んだように，また
第5章で同じグループの中でも援助要請者と援助者が入れ替わったりその行
い方が変わったりしたことからわかるように，ある場面では十分な説明がで
きない生徒が学習の質を変える役割を担ったり，別の場面では学習をリード
する役割を担ったりという，協働学習プロセスに潜む生徒の関係性のダイナ
ミクスを提示できたといえる。このことは，教室において生徒がわからなさ
を抱えながらも他者に教えてもらうだけではなく積極的に数学を学習するこ
とが可能であることを意味する。

　本研究では，援助要請という行為を視点として相互作用を検討した。援助要請という 1 つの行為を他者との関係性の中で捉えることによって，援助を求めた者にとって望んだ援助をもらえたか否かという出来事以上に，協働学習における生徒の互恵的な関係が描き出せたといえる。援助要請という行為はそれを行った生徒にのみ機能するのではなく，協働学習の質をも左右する行為として着目する価値があることを，本研究は協力学級における事例から導くことができたといえるだろう。

第 3 節　残された課題

　最後に，本研究の限界を指摘し，残された課題を整理する。本研究は 1 名の数学教師による 1 学級での 2 年間の授業実践の記録から，生徒の援助要請行為に着目した相互作用プロセスに関する微視的な分析を行うことで，生徒が互恵的な関係で協働的に学習できる中学校数学の教室環境のデザインに対する新しい視点を得るものであった。学級を特定することにより，そこで生じている相互作用を，時間経過・異なる条件という軸の違いや，数学的な理解の質・他者との関係性・行為の変化などを取り上げて多角的に捉えることが可能となった。複数学級を対象とする場合と比較して，談話分析から傾向や特徴を明らかにするに留まらず，教師の数学の授業に対する信念や，それを当該学級の生徒と相対しつつ具現化して実践する授業研究プロセスに位置づけて示せたことは本研究の最大の意義であるといえる。

　しかし，前節でも既に指摘したように，協力学級における参与観察法に基づく検討であったことを中心として本研究の知見には限界がある。援助要請を起点とした相互作用プロセスのメカニズムのモデルとしての限界点という理論的観点から生徒および教師・数学の学習の 2 点，方法論的観点，および実践への視座の点から本研究で残された課題を整理する。

　まず，生徒および教師について以下の 5 点の課題が残されている。

　第1に，本研究で得られた相互作用プロセスのメカニズムのモデルは，学級の固有性や生徒の個人特性による可能性を完全には排除できていないため，モデルは今後も検証が必要な未だ仮説的なものである。各章で検討した要素と援助要請行為ならびにそれを起点とした相互作用の変動との関連は示した通りであるが，本研究ではグループの相互作用ならびに生徒個人の援助要請行為は教室談話を基盤とすることを仮定して検討を行った。要するに，本研究で示された生徒の行為やグループの相互作用は，本研究で対象とした学級固有の特徴であることを前提としている。

　たとえば，本研究の協力学級では，生徒に協働的に考えさせることによって数学を学習させようと，グループの中ではわからないところは尋ね，尋ねられた方は断らないようにと生徒に伝えることや，グループでの議論を指示した時に限らず隣の人と相談することを許容していた。この行為によって，生徒のグループ内での援助要請，援助の振る舞いが促された可能性がある。あるいは，自分たちがまだ議論や検証をしていない数学の事実は使えないと明言することによって，どの生徒もその教室で対等な関係にあると保障することにつながったとも考えられる。援助要請を行うには，教師にも他の生徒にも馬鹿にされず受け止めてもらえるという安心感がなければならず，このルールの確認は気後れ感を減らして安心感の土台となっていたかもしれない。このような学級づくりが与える生徒相互の関係性への影響は，本研究において分離して捉えることのできないものである。

　したがって，その教室で誰がいつどのような発言をして数学を学習するかという関係性が異なれば，グループでの生徒の行為や相互作用は変わってくると考えられる。今後，教室の談話の構造とグループの相互作用との関連を検討する事例の蓄積が必要とされる（Figure 8-1 の点線矢印⑦）。

　第2に，援助要請の生起する教室談話における教師の役割を質問発話にとどめずさらに精緻に検討することである。第7章では，Webb ら（2008）による教師の質問発話が生徒のグループでの援助の仕方に影響を及ぼすことを

ふまえ，質問発話にのみ焦点をあてて分析を行った。特に議論開始時の質問発話とその後の発話連鎖に焦点をあてたことで，協力教師独自の信念に基づく談話の構成が描けたことには一定の意義があるといえるが，教室において生徒がいかに談話に参加しているかという実相を十分に描き出すことはできなかった（Figure 8-1 の点線矢印⑧）。生徒が談話にどのように参加することが教室において共有されているかによって，グループでの談話への参加の仕方も左右されると仮に考えられる。今後，教室談話における生徒の発話に対する教師の応答に焦点をあて，さらなる検討を行うことが求められる。

　第 2 の点とも関わるが第 3 に，グループでの学習に留まらず，学級全体での議論に対しても援助要請を起点とした相互作用と捉えてそのプロセスを明らかにすることも考えられる。本研究では，グループでの議論において積極的に援助要請を行う生徒に焦点をあてて検討を行った。しかし，教室によっては，生徒の疑問を中心とした学級全体での対話を行うことも十分に考えられる。そのような場合，グループと大きく異なる点は，教師という知識量の点で権威的な存在が介在することである。そのことによって，グループでの相互作用とどのように異なるか検討する必要がある。

　第 4 に，グループの成員に応じた生徒個人の役割の相違について，複数グループで検討を重ねることである。第 5 章，第 6 章では，特定のグループを対象に課題構造の違いに応じた生徒の関係性の変動を捉えた。しかし，課題構造以外の要因を検討してはいない。援助要請の生起には，自分の能力のなさを露呈することへの抵抗感，自分の弱さを表出しても相手が受け止めてくれるという信頼感など，情動面が強く関係する。教科内容だけでなく，社会的情動的にも学習する場である教室において，グループでの相互作用を左右するのは課題構造のみではないと考えられる。グループの成員が変わった場合に生徒の援助要請行為がどのように異なるかを情動面から検討することが課題として残されている。

　第 5 に，教師の発問やグループ学習中の生徒への質問も対象として，生徒

の協働的な相互作用を支援する教師の役割を検討することである。第7章では，先行研究における生徒の説明構築の精緻化との対比を強調するために，グループへの課題の指示の発話は発問として検討の対象外とし，グループ終了後の議論における発話の連鎖に焦点をあてた。しかし，学級固有の談話の構造は，学級全体からグループへ，グループから学級へという流れをふまえた発話の連鎖からより明瞭に捉えられるものであるといえる。つまり，グループで議論することの意味づけを教師がどのように行っているか，またそれに応じてグループ議論中の教師の行為がどのように変わるかという点と呼応するようにグループ終了後の学級での議論展開は位置づけられるといえる。したがって，生徒の協働的な相互作用を支援する教師の行為を明らかにするためには，グループの前・中・後における発話のさらなる検討の必要性が残されている。

　また，数学の学習研究として以下の3点の課題が残されている。

　第1に，数学の概念的な理解と援助要請の関係を明らかにできなかった。本研究では，単元や問題解決プロセスに位置づけた検討を行った結果，Webb らの先行研究の課題として指摘した計算課題の1ステップのみの検討を克服し，数学の理解における質的な違いに着目しながら授業内容をいかに理解するかというプロセスを援助要請に着目して明らかにすることができた。しかし，事前事後テストなどの介入を一切行わず，概念的な理解を理論的に設定して生徒の理解を測定することはしなかった。そのため，数学の学習研究としてさらに発展させるためには，今後理解の水準を数学の学習研究の知見から精緻に定め，あわせて検討する必要がある。

　第2に，中学校以外の発達段階における相互作用プロセスとの関係を明らかにすることである。中学生を対象に研究を行ったが，第3章で指摘した通り，数学は体系性の強い教科であり，ある概念を理解するために必要な既有知識が学年を上がるごとに増加する。逆に言えば，既習内容に取りこぼしがあった場合に，知識を関連づけて統合し，概念的理解を達成するまでの困難

もまた増すということである。すると，中学生から高校生にかけては単元の開始時点での差が開くことも予想される。しかし一方で，中学生から高校生にかけては依存的援助要請が減少することも指摘されており（瀬尾，2007），援助要請スキルもまた発達すると考えられる。ただし，どのような生徒が授業中に自律的な援助要請を行い，議論の質を左右するかは検討されていない。中学生から高校生にかけては，どのような生徒が上記メカニズムの中心となるかという点も含めて検討する必要がある。

　小学生との違いについては，大谷（1997）が指摘するように，算数という数の計算などの比較的身近な内容であることによって，児童たちの考えに基づいた自由な参加が許容されやすく，中学生になると用語や定義，条件などの教師による方向づけの必要性が増すことが影響することが予想される。援助要請スキルの発達の点では，中学生になると適応的な援助要請が減少して便宜的な援助要請が増すことが指摘されている（Ryan, & Shim, 2013）。教師の介在の度合いを考慮に入れて検討する必要が残されている。

　第3に，本研究では主に代数・関数の授業を扱ったが，幾何や統計・解析などの他領域への適用範囲ないし応用可能性について検証することである。いずれの領域も多面的・複合的であることは確かだが，代数・関数では数式の処理が多く求められる傾向にあるのに対し，幾何では補助線の書き込みなどによる図形上の情報整理，統計・解析では表やグラフへの整理が重要な役割を占める。たとえば図は，数学的表象としてのみならず，児童が創り上げる文章題の表象としても機能し，教室においてどのように数学を学習するかという参加構造に寄与することが指摘されている（河野，2007）。概念図と図形の相違や算数と数学との差異を考慮に入れる必要はあるが，数学的表象がその完成形としてではなく，教室の成員によって情報共有の場として機能することは，数式の変形とはまた異なった相互作用の特徴があると考えられる。より具体的には，情報を共有するにあたって数式の変形は可逆性であるのに対し，図や表という数学的表象は不可逆性であるといえる。この点をふまえ，

わからなさを積極的に共有することによる相互作用プロセスが，幾何や統計・解析という領域によって異なる特徴を持つかを検討することが課題として残されている。

次に，方法論上の課題を述べる。

第1に，援助要請を個人の学習方略として昇華させるために，援助要請の意図性と偶然性についてさらなる検討をすることである。第2章第1節2項で述べたように本研究では操作上の定義として，援助要請を「他者からみて自らに援助の必要があることを表現すること」とし，「たとえば，混乱したり何をすべきかわからなかったりすることを明確に宣言すること，援助を求めること，あるいは自ら発言するなどして誤りを表出すること」と指標を設けて第三者の立場から援助要請とみなせる発話場面を対象に検討を進めた。要するに，発話者本人に援助を求めようという明確な意思があったかどうかは考慮することはできず，ともに学習する者から援助の必要があるとみなせる行為を援助要請としたために，偶然援助要請として機能した場合と意図的に援助要請を行って機能させた場合とを区別できていない。本研究では関係性の中での機能としての援助要請を取り上げたが，今後，生徒個人の学習方略としての援助要請との関連を精査する必要がある。

第2に，生徒の身体的動作がどのように数学の相互作用プロセスに対して援助要請行為として機能するかを明らかにすることである。本研究では，生徒への精神的重圧の差を考慮して，1つのグループに対して長時間ビデオを向けることはせず，また用いたビデオカメラの性能によっても，表情やノート，手の動きなどを確実に捉えられるようなデータを収集しなかった。しかし，数学の学習プロセスを検討するうえで，図や式が書き込まれたノートの果たす役割は大きい。また援助要請というわからなさを他者に伝える行為にとっても，ノートの指さしや話しながらの書き込み，視線や表情といった身体的動作は，価値ある情報であることが予想される。今後，身体的動作を分析の対象に加え，ノートという媒介物をどのように用いて数学のわからなさ

を共有しているかを検討する必要が残されている。

　第3に，教師と研究者の協力的な授業研究のさらなる発展のためには，研究事例を蓄積し，両者の関係のあり方に応じた研究枠組みを検討することが必要である（Figure 8-1の点線矢印⑨）。本研究ではヴィジョンを持った中堅の教師の授業実践に，筆者は参与観察者として関わり，特に授業改善の方針についても談話分析の着眼点についてもフォーマルに協議することはなかった。しかし，実践者と研究者としてのそれぞれの視点をインフォーマルに交流することを通して，互いに及ぼし合った影響は少なからずあるといえる。このようなインフォーマルな授業観察期間中の教師の授業に対する振り返りについては検討せず，授業観察後に時間が経過してから得られた談話分析の客観的結果に基づいた省察を検討の対象とした。したがって本研究で考察された教室の参加構造と質問発話についての教師の省察については，回顧的方法を用いて得られた結果であり，今後の授業研究の方向性を得るためのものではない。授業改善の方針を模索する協議を伴う協力的な授業研究のあり方を追究するには，実践中の省察の検討をあわせて行うことが求められる。

　最後に，実践への視座の点から，本研究の限界を述べる。

　本研究は，学級の中でなかなか精緻な説明を行うことができずに数学が苦手であると教師の目に捉えられがちな生徒に焦点をあてている。Figure 8-1として得られた相互作用プロセスのメカニズムは，そのような生徒が授業の中で他の生徒とともに数学を理解し，あるときには問いとして論点を提出することによって議論を深める契機としての役割を担うことを示すものである。ただし，その状況に応じて説明構築を行えるようになるための第一歩が支援されることを描き出してはいるが，その後どのくらいの期間，どの程度，数学の理解が定着し，いかに自力解決できるようになるかというプロセスは検討できていない。そのため，理解の定着度およびその支援については，事後課題や遅延課題を用いた検討方法をあわせて行うなど，さらなる検討が必要である。

引 用 文 献

秋田喜代美 (1998). 談話 児童心理学の進歩, **37**, 53-77.

秋田喜代美・市川洋子・鈴木宏明 (2002). 授業における話し合い場面の記憶—参加スタイルと記憶— 東京大学大学院教育学研究科紀要, **42**, 257-273.

秋田喜代美 (2012). 学びの心理学—授業をデザインする— 左右社.

秋田喜代美 (編著) (2014). 対話が生まれる教室 居場所感と夢中を保障する授業 教育開発研究所.

Artzt, A. F., & Armour-Thomas, E. (1992). Development of a cognitive-metacognitive framework for protocol analysis of mathematical problem solving in small groups. *Cognition and Instruction*, **9**(2), 137-175.

Barron, B. (2000). Achieving coordination in collaborative problem-solving groups. *The Journal of the Learning Sciences*, **9**(4), 403-436.

Barron, B. (2003). When smart groups fail. *The Journal of the Learning Sciences*, **12**(3), 307-359.

Brown, A. L. (1997). Transforming schools into communities of thinking and learning about serious matters. *American Psychologist*, **52**(4), 399-413.

スーザン・ケアリー著, 小島康次・小林好和訳 (1994). 子どもは小さな科学者か—J. ピアジェ理論の再考— ミネルヴァ書房.

Cazden, C. B. (2001). *Classroom Discourse* (*2nd Ed.*). Portsmouth, NH: Heinemann.

Chi, M. T. H., De Leeuw, N., Chiu, M., & LaVancher, C. (1994). Eliciting self-explanations improves understanding. *Cognitive Science*, **18**, 439-477.

Doise, W., Mugny, G., & Perret-Clermont, A. (1975). Social interaction and the development of cognitive operations. *European Journal of Social Psychology*, **5**(3), 367-383.

Esmonde, I. (2009). Mathematics learning in groups: Analyzing equity in two cooperative activity structures. *Journal of the Learning Sciences*, **18**(2), 247-284.

Fawcett, L. M., & Garton, A. F. (2005). The effect of peer collaboration on children's problem-solving ability. *British Journal of Educational Psychology*, **75**, 157-169.

Forman, E. A. & Cazden, C. B. (1985). Exploring Vygotskian perspectives in education: The cognitive value of peer interaction. In J. V. Wertsch, *Culture, communication, and cognition: Vygotskian perspectives* (pp.323-347). New York: Cambridge University Press, pp.323-347.

藤江康彦 (2000). 一斉授業の話し合い場面における子どもの両義的な発話の機能—小学校 5 年の社会科授業における教室談話の分析—　教育心理学研究, **48**(1), 21-31.

藤江康彦 (2007). 教室談話の特徴. 秋田喜代美編. 改訂版 授業研究と談話分析. 放送大学教育振興会. pp.51-71.

藤村宣之・太田慶司 (2002). 算数授業は児童の方略をどのように変化させるか—数学的概念に関する方略変化のプロセス—　教育心理学研究, **50**(1), 33-42.

藤村宣之 (2012). 数学的・科学的リテラシーの心理学—子どもの学力はどう高まるか—　有斐閣.

橋本剛 (2015). 貢献感と援助要請の関連に及ぼす互恵性規範の増幅効果　社会心理学研究, **31**(1), 35-45.

Hiebert, J., & Wearne, D. (1993). Instructional tasks, classroom discourse, and students' learning in second-grade arithmetic. *American Educational Research Journal*, **30**(2), 393-425.

Hierbert, J., Carpenter, T., Fennema, E., Fuson, K., Human, P., Oliver, A, & Wearne, D. (1996). Problem solving as a basis for reform in curriculum and instruction: The case of mathematics. *Educational Researcher*, **25**(4), 12-21.

本田真大 (2013). 中学生の援助要請者と非援助要請者の学校適応の比較—援助評価の類型に基づいた検討—　北海道教育大学紀要（教育科学編）, **64**(1), 89-95.

一柳智紀 (2009a). 児童による話し合いを中心とした授業における聴き方の特徴—学級と教科による相違の検討—　教育心理学研究, **57**(3), 361-372.

一柳智紀 (2011). 聴くという行為の課題構造に応じた相違—2 人の児童の発言に着目して—　質的心理学研究, **10**, 116-134.

一柳智紀 (2014). 小グループでの問題解決過程における学習者によるリヴォイシングの機能—課題構造による相違に着目して—　新潟大学教育学部紀要, **7**(1), 37-48.

Ing, M., Webb, N. M., Franke, M. L., Turrou, A. C., Wong, J., Shin, N., & Fernandez, C. H. (2015). Student participation in elementary mathematics classrooms: the missing link between teacher practices and student achievement? *Educational Studies in Mathematics*, **90**(3), 341-356.

伊藤詩菜・松田康子・加藤弘通（2015）．援助要請行動生起における援助要請期待尺度と心理的コスト尺度の信頼性・妥当性の検討　子ども発達臨床研究，**7**，5-12.

伊藤貴昭・垣花真一郎（2009）．説明はなぜ話者自身の理解を促すか―聞き手の有無が与える影響―　教育心理学研究，**57**(1)，86-98.

Karabenick, S. A., & Knapp, J. R. (1991). Relationship of academic help seeking to the use of learning strategies and other instrumental achievement behavior in college students. *Journal of Educational Psychology*, **83**(2), 221-230.

河野麻沙美（2007）．算数授業における図が媒介した知識構築過程の分析――「立ち戻り」過程に支えられた子どもたち同士の足場がけに注目して　質的心理学研究，**6**，25-40.

Kieran, C. (1981). Concepts associated with the equality symbol. *Educational Studies in Matematics,* **12**, 317-326.

岸野麻衣・無藤隆（2005）．授業進行から外れた子どもの発話への教師の対応―小学校2年生の算数と国語の一斉授業における教室談話の分析―　教育心理学研究，**53**(1)，86-97.

清河幸子・犬塚美輪（2003）．相互説明による読解の個別学習指導―対象レベル－メタレベルの分業による協同の指導場面への適用―　教育心理学研究，**51**(2)，218-229.

Lampert, M. (1990). When the problem is not the question and the solution is not the answer: mathematical knowing and teaching. *American Educational Research Journal*, **27**(1), 29-63.

Lampert, M., Rittenhouse, P., & Crumbaugh, C. (1996). Agreeing to disagree: Developing sociable mathematical discourse. In D. R. Olson, & N. Torrance (Eds.), *The handbook of education and human development: New models of learning, teaching and schooling* (pp.731-764). Cambridge, MA: Blackwell.

牧野眞裕（1997）．文字式に関する認知的ギャップ―文字式のもつ二面性―　全国数学教育学会誌　数学教育学研究，**3**，91-97.

松尾剛・丸野俊一（2007）．子どもが主体的に考え，学び合う授業を熟練教師がいかに実現しているか―話し合いを支えるグランド・ルールの共有過程の分析を通じて―　教育心理学研究，**55**(1)，93-105.

松尾剛・丸野俊一（2008）．主体的に考え，学び合う授業実践の体験を通して，子どもはグラウンド・ルールの意味についてどのような認識の変化を示すか　教育心理学研究，**56**(1)，104-115.

Mehan, H. (1979). *Learning Lessons: Social Organization in the Classroom.* Harvard University Press Cambridge, Massachusetts and London, England.

Merenluoto, K., & Lehtinen, E. (2004). Number concept and conceptual change: towards a system model of the processes of change. *Learning and Instruction*, **14**, 519-534.

牧田秀昭・秋田喜代美 (2012). 教える空間から学び合う場へ　数学教師の授業づくり　東洋館出版社.

三輪辰郎 (1996). 文字式の指導序説　筑波数学教育研究, **15**, 1-14.

Miyake, N. (1986). Constructive interaction and the interactive process of understanding. *Cognitive Science*, **10**, 151-177.

水野治久・石隈利紀 (1999). 被援助志向性, 被援助行動に関する研究の動向　教育心理学研究, **47**(4), 530-539.

森岡さやか (2007). メンタルヘルス領域における援助要請研究の動向と新たな可能性への提言　東京大学大学院教育学研究科紀要, **47**, 259-267.

文部科学省 (2008). 中学校学習指導要領解説：数学編　教育出版.

永井智・新井邦二郎 (2007). 利益とコストの予期が中学生における友人への相談行動に与える影響の検討　教育心理学研究, **55**(2), 197-207.

中谷素之 (1998). 教室における児童の社会的責任目標と学習行動, 学業達成の関連　教育心理学研究, **46**(3), 291-199.

Nelson Le-Gall, S. (1981). Help-seeking: an understudied problem-solving skill in children. *Developmental Review*, **1**(3), 224-246.

Nelson-Le Gall, S. (1992). Children's instrumental help-seeking: Its role in the social acquisition and construction of knowledge. In Hertz-Lazarowitz, R. & Miller, N. (Eds.) *Interaction in cooperative groups: The theoretical anatomy of group learning.* New York: Cambridge University Press. 49-68.

Newman, R. S. (1998). Students' help seeking during problem solving: Influences of personal and contextual achievement goals. *Journal of Educational Psychology*, **90**(4), 644-658.

Noddings, N. (1985). Small groups as a setting for research on mathematical problem solving. *Teaching and Learning Mathematical Problem, Solving: Multiple Research Perspectives*, 345-359.

野﨑秀正 (2003). 生徒の達成目標志向性とコンピテンスの認知が学業的援助要請に及ぼす影響——抑制態度を媒介としたプロセスの検証——　教育心理学研究, **51**(2),

141-153.

野﨑秀正・石井眞治（2005）．要請対象者の違いと学業的援助要請の質の関連―要請に対する教師の好みと承認の認知及び要請理由との関連からの検討―　日本教育工学会論文誌，**29**(2)，163-170.

O'Conner, M. C., & Michaels, S. (1996). Shifting participant frameworks: orchestrating thinking practices in group discussion. Hicks, D. (Ed.) *Discourse, Learning, and Schooling*. Cambridge University Press, pp.63-103.

小田切歩（2013）．高校の数学授業における協働的統合過程を通じた個人の知識統合メカニズム―回転運動と三角関数の関連づけに着目して―　教育心理学研究，**61**(1)，1-16.

Ryan, A. M., & Pintrich, P. R. (1997). "Should I ask for help?" The role of motivation and attitudes in adolescents' help seeking in math class. *Journal of Educational Psychology*, **89**(2), 329-341.

Ryan, A. M., & Shin, H. (2011). Help-seeking tendencies during early adolescence: An examination of motivational correlates and consequences for achievement. *Learning and Instruction*, **21**(2), 247-256.

Ryan, A. M., & Shim, S. S. (2012). Changes in help seeking from peers during early adolescence: associations with changes in achievement and perceptions of teachers. *Journal of Educational Psychology*, **104**(4), 1122-1134.

佐藤学（1997）．教師というアポリア―反省的実践へ　世織書房.

佐藤学（1999）．学びの快楽―ダイアローグへ　世織書房.

Sawyer, R. K., & Berson S. (2004). Study group discourse: How external representations affect collaborative conversation. *Linguistics and Education*, **15**, 387-412.

Schraw, G., Dunkle, M. E., & Bendixen, L. D. (1995). Cognitive processes in well-defined and ill-defined problem solving. *Applied Cognitive Psychology*, **9**, 523-538.

瀬尾美紀子（2005）．数学の問題解決における質問生成と援助要請の促進　教育心理学研究，**53**(4)，441-455.

瀬尾美紀子（2007）．自律的・依存的援助要請における学習観とつまずき明確化方略の役割―多母集団同時分析による中学・高校生の発達差の検討―　教育心理学研究，**55**(2)，170-183.

瀬尾美紀子（2008）．学習上の援助要請における教師の役割―指導スタイルとサポート的態度に着目した検討―　教育心理学研究，**56**(2)，243-255.

Sfard, A. (1991). On the dual nature of mathematical conceptions: reflection on process and objects as different sides of the same coin. *Educational Studies in Mathematics*, **22**, 1-36.

Sfard, A., & Kieran, C. (2001). Cognition as communication: Rethinking learning-by-talking through multi-faceted analysis of students' mathematical interactions. *Mind, Culture, and Activity*, **8**(1), 42-76.

島田泉・高木修（1994）．援助要請を抑制する要因の研究Ⅰ―状況認知要因と個人特性の効果について―　社会心理学研究，**10**(1)，35-43.

清水由紀・内田伸子（2001）．子どもは教育のディスコースにどのように適応するか―小学校1年生の朝の会における教師と児童の発話の量的・質的分析より―　教育心理学研究，**49**(3)，314-325.

Shirouzu, H., Miyake, N., & Masukawa, H. (2002). Cognitively active externalization for situated reflection. *Cognitive Science*, **26**, 469-501.

Shoenfeld, A. H. (1985). *Mathematical problem solving*. Orlando, FL: Academic Press.

Shulman, L. S. (1996). Just in case: reflections on learning from experience. *The wisdom of practice: essays on teaching, learning, and learning to teach. (2004)*. San Francisco: Jossey-Bass, 463-482.

Stafylidou, S., & Vosniadou, S. (2004). The development of students' understanding of the numerical value of fractions. *Learning and Instruction*, **14**, 503-518.

鈴木俊太郎・邑本俊亮（2009）．協同問題解決を行う成員の満足感を構成する要因の検討　心理学研究，**80**(2)，105-113.

Tabak, I., & Baumgartner, E. (2004). Teacher as partner: exploring participant structures, symmetry, and identity work in scaffolding. *Cognition and Instruction*, **22**(4), 393-429.

橘春菜・藤村宣之（2010）．高校生のペアでの協同解決を通じた知識統合過程―知識を相互構築する相手としての他者の役割に着目して―　教育心理学研究，**58**(1)，1-11.

Teasley, S. D. (1995). The role of talk in children's peer collaborations. *Developmental Psychology*, **31**(2), 207-220.

Turner, J. C., Midgley, C., Meyer, D. K., Gheen, M., Anderman, E. M., & Kang, Y. (2002). The classroom environment and students' reports of avoidance strategies in mathematics: A multimethod study. *Journal of Educational Psychology*, **94**(1), 88-106.

Vosniadou, S., & Brewer, W. F. (1992). Mental models of the earth: a study of conceptual change in childhood. *Cognitive Psychology*, **24**, 535-585.

Vosniadou, S., Vamvakoussi, X., & Skopeliti, I. (2008). The framework theory approach to the problem of conceptual change. Vosniadou, S. (Ed), *International handbook of research on conceptual change*. Routledge, 3-34.

Webb, N. M. (1982). Peer interaction and learning in cooperative small groups. *Journal of educational psychology*, **74**(5), 642-655.

Webb, N M. (2009). The teacher's role in promoting collaborative dialogue in the classroom. *British Journal of Educational Psychology*, **79**, 1-28.

Webb, N. M. (2013). Information processing approaches to collaborative learning. In Hmelo-Silver, C. E., Chinn, C. A., Chan, C., & O'Donnell, A. M. (Eds.), *The international handbook of collaborative learning*. New York: Routledge. 19-40.

Webb, N. M., Farivar, S. H., & Mastergeorge, A. M. (2002). Productive helping in cooperative groups. *Theory into Practice*, **41**(1), 13-20.

Webb, N. M., Franke, M. L., De, T., Chan, A. G., Freund, D., Shein, P., & Melkonian, D. K. (2009). 'Explain to your partner': teachers' instructional practices and students' dialogue in small group. *Cambridge Journal of Education*, **39**(1), 49-70.

Webb, N. M., Franke, M. L., Ing, M., Chan, A., De, T., Freund, D. and Battey, D. (2008). The role of teacher instructional practices in student collaboration. *Contemporary Educational Psychology*, **33**(3), 360-381.

Webb, N. M., Franke, M. L., Ing, M., Wong, J., Fernandez, C. H., Shin, N., & Turrou, A. C. (2014). Engaging with others' mathematical ideas: interrelationships among student participation, teachers' instructional practices, and learning. *International Journal of Educational Research*, **63**, 79-93.

Webb, N. M., & Mastergeorge, A. M. (2003). The development of students' helping behavior and learning in peer-directed small groups. *Cognition and Instruction*, **21**(4), 361-428.

Webb, N. M., Nemer, K. M., & Ing, M. (2006). Small-group reflections: parallels between teacher discourse and student behavior in peer-directed groups. *The Journal of the Learning Sciences*, **15**(1), 63-119.

Webb, N. M., & Palincsar, A. S. (1996). Group processes in the classroom. Berliner, D. C., & Calfee, R. C. (Eds), *Handbook of educational psychology*, London: Prentice Hall International, 841-873.

Webb, N. M., Troper, J. D., & Fall, R. (1995). Constructive activity and learning in collaborative small groups. *Journal of Educational Psychology*, **87**(3), 406–423.

Yackel, E, & Cobb, P. (1996). Sociomathematical norms, argumentation, and autonomy in mathematics. *Journal for Research in Mathematics Education*, **27**(4), 458–477.

Yackel, E., Cobb, P., & Wood, T. (1991). Small-group interactions as a source of learning opportunities in second-grade mathematics. *Journal for Research in Mathematics Education*, **122**(5), 390–408.

Yackel, E., Cobb, P., & Wood, T. (1999). The interactive constitution of mathematical meaning in one second grade classroom: An illustractive example. *Journal of Mathematical Behavior*. **17**(4), 469–488.

あ と が き

　本書は筆者が2017年度に東京大学大学院教育学研究科に提出した同タイトルの博士学位論文（博士・教育学，2018年4月に授与）に加筆・修正を行ったものです。ここに，本書ならびに学位論文の編成にあたって基となった博士課程在籍時の研究成果を本書の対応関係とともに示します。

　第3章「聴き方と援助要請の仕方に着目した生徒個人の文字式理解プロセス」は，『教育心理学研究』第65巻3号（2017年）に掲載された「中学校の数学授業における一生徒の文字式理解プロセスの質的研究―聴くことと援助要請に着目して―」に基づいて修正を加えたものです。

　第5章「課題の目的の違いに応じたグループでの生徒の援助関係の変動」と第6章「議論内容の違いに応じたグループにおける援助要請の意味」は，『教育方法学研究』第39巻（2013年）に掲載された「中学校数学科のグループ学習における課題の目的に応じた生徒のダイナミックな関係―N. ウェブの「援助要請」を手がかりとして―」に基づき，加筆したものです。

　第7章「生徒間の協働を支える教師の質問発話とその省察」は，*International Journal for Lesson and Learning Studies* 5(3)に掲載された "Teacher Discourse Supporting Peer Collaboration in Mathematics" に基づいて，加筆したものです。

　研究の遂行にあたっては，多くの方々からご指導と励ましをいただきました。この場を借りて，お世話になった方々へ感謝の意を述べたいと思います。

　まず，観察の場を提供してくださった中等教育学校の関係者の皆様に深く感謝いたします。特に，観察と記録の使用をお許しくださった協力者の先生には心より御礼申し上げます。場の提供と記録の使用許可以上に，研究者としての私を成長させてくださいました。授業後に時間の許す限りその日の授

業について言葉をかわすことを習慣にし，生徒の課題に対する取り組みの様子や課題の提示方法の掘り下げ方など授業内容についての計画と反省を語ってくださったことは，私の数学の授業を観る視点に省察を促し，補完して，考察に深みを与える契機となりました。先生の教室との出会いが，私の研究人生における大きな転機です。先生の実践なくしてこの研究は成り立ちません。厚く御礼申し上げます。

　また，先生の学級の生徒の一人一人に感謝します。生徒たちの学び合う姿に魅かれました。生徒たちは私が教室にいても嫌な顔ひとつせず自然体で学び，廊下ですれ違うと笑顔で挨拶してくれました。数学を学ぶ楽しさ，学び合うことの楽しさ，そして学び上手になることの面白さと難しさを教えてくれたのは生徒たちです。本当にありがとうございます。

　続いて，東京大学大学院教育学研究科の秋田喜代美先生に深く感謝いたします。博士課程から研究室に入った私に対し，丁寧に指導してくださいました。研究の方針が定まらなかったり行き詰ったりして悩んだときや体調が整わず落ち込んだりしたときは温かく辛抱強く見守ってくださり，ときには力強く背中を押してくださいました。自分の研究を論文としてまとめるにはどのようにしたらよいかを丁寧に教えてくださいました。また，それにとどまらず，論文を読めるようになるということ，他者の研究へコメントできるようになるということの奥深さについても学ばせていただきました。分野を問わず他者と対話することを通じて自分の研究が発展することが強く実感できました。秋田研で学べたことに感謝と誇りの気持ちをもって，今後も研究を進めてまいります。

　それから，東京大学名誉教授，学習院大学特任教授の佐藤学先生に感謝申し上げます。佐藤先生には学部から修士課程にかけて，研究するとはどういうことか，論文を書くとはどういうことか，授業をみるとはどういうことかという研究の根源，さらには学ぶとは何かという生きるうえでの大切なことまでも教えてもらいました。既存の枠組みに出来事を当てはめることと，目

の前の出来事に意味を見出し価値づけることとの区別に気づかされ，後者の重要性と求められる作業の途方もない緻密さが心に刻み込まれました。未熟な私を根気強く指導してくださり，ありがとうございました。研究のスタートを佐藤先生にご指導いただけたことを幸せに思っております。

　また，博士論文執筆にあたってご指導いただいた先生方に御礼申し上げます。東京大学大学院教育学研究科の藤村宣之先生，同藤江康彦先生，同浅井幸子先生には，提出前から貴重なご助言をいただきました。藤村先生には学部の頃よりお世話になり，心理学的にみるということの根本を学んだのは先生からでした。そしてこれまでずっと，教育心理学や教科内容の観点で私の検討が不十分な点について，厳しくも優しい眼差しで丁寧にご指摘とご助言をくださいました。藤江先生には談話分析の手法について多くを学ばせていただきました。細かく丁寧にみて明らかになったことで終わらず，いつも一歩先のご助言をくださり，実践的意義・学術的意義を編んで研究を深めることの大切さを教えてくれました。浅井先生は私の研究の意味づけをし，たくさんの励ましをくださいました。また，論の立て方における困惑を的確に見抜き，改善に向けての大きな示唆を与えてくれました。それから，同じく東京大学大学院教育学研究科の小国喜弘先生には，論文の中身だけでなく，論文の執筆を支える研究姿勢について価値づけをしていただきました。授業実践にどのように向き合うか，実践でみえたことから私たちは何を考えたらよいのかという問題提起の姿勢は，小国先生から学ばせていただきました。先生方からいただいた言葉を道しるべとして，今後研究を発展させていきたいと思います。

　さらに，研究活動を支えてくださいました研究科の仲間，OB・OGの皆様と先輩・同期・後輩の皆様に深く感謝いたします。秋田研究室の皆様にはたくさんの温かい励ましと，困難なことに挑戦しようとする勇気をもらい，論文をまとめる苦しさと達成したときの喜びを分かち合いました。佐藤研究室の皆様には特に授業実践との向き合い方や授業の見方などを学び，佐藤先

生が東京大学をご退官後もずっと私の追い求める理想像です。両研究室の皆様と出会うことができ，共に切磋琢磨してこられたことに心から感謝しております。

なお，本書は独立行政法人日本学術振興会平成30年度科学研究費助成事業（科学研究費補助金）（研究成果公開促進費）（課題番号：18HP5229）の助成を受けて刊行しました。刊行にあたり，風間書房の風間敬子様，古谷千晶様には大変お世話になりました。ありがとうございました。

　最後に，あらゆる面で常に私を支えてくれる家族に心より感謝します。研究がうまく進んで無我夢中になっているときも，うまくいかなくて機嫌が悪く落ち込んでいるときも，いつでも私を認めて味方でいて全面的に応援してくれました。感謝してもしきれません。今後もこれまで以上に精進努力することで恩返ししたいと思います。

2018年11月

山路　茜

略歴

山路　茜（やまじ　あかね）
2010年　東京大学教育学部卒業（学校教育学コース）
2012年　東京大学大学院教育学研究科修士課程修了（学校教育高度化専攻）
2017年　同　博士課程単位取得退学（学校教育高度化専攻）
　　　　立教大学　大学教育開発・支援センター　助教
　　　　博士（教育学）

中学校数学科の授業における相互作用プロセス
―援助要請を視点として―

2019年2月5日　初版第1刷発行

著　者　山　路　　　茜

発行者　風　間　敬　子

発行所　株式会社　風　間　書　房
〒101-0051　東京都千代田区神田神保町1-34
電話03(3291)5729　FAX 03(3291)5757
振替00110-5-1853

印刷　藤原印刷　製本　高地製本所

©2019　Akane Yamaji　　　　　　　NDC 分類：370

ISBN978-4-7599-2273-8　Printed in Japan